ストーカー規制法 ハンドブック

~逐条解説から実務参考資料まで~

檜垣 重臣 監修

ストーカー規制法研究会 編著

立花書房

本書は時々・情勢の必要に応じ、内容を変更・追加等する場合があります。

監修のことば

　私は、ストーカー行為等の規制等に関する法律が成立した当時、警察庁生活安全企画課の担当補佐として、立法への対応、施行作業に携わるとともに、稚拙ながらも逐条解説書を執筆させていただいたこともあり、ストーカー規制法は私個人として思い入れ深い法律となります。

　その後、生活安全部門外での勤務が続き、ストーカー規制法関係事務に携わることもなかったため、法改正を踏まえた同書の改訂にも手をつけられないままとなっていました。ただ、令和になって、生活安全局担当審議官として令和３年の法改正に関与させていただくとともに、生活安全局長としてストーカー規制法に係る業務に携わることとなり、これも縁と、改めて、同法の逐条解説書に関わらせていただきました。

　本書は、拙著をベースに、平成25年改正、28年改正を踏まえた高野磨央氏の原稿、令和３年改正に関する渡邉一郎氏、堂原みなみ氏の原稿を取り入れて、私が監修させていただいた逐条解説書となります。ストーカー規制法も成立してから20年以上が経過しましたが、判例等を踏まえた運用の見直し、新たな事象に対応するための法改正が行われてきました。その間、都道府県警察の担当者の方々が、法を適切に運用するとともに、法の趣旨を踏まえた各種活動に取り組み、ストーカー事案の被害者の安全確保に大きな成果を上げてきたものと思います。本書が、ストーカー事案に係る業務に携わる方々に活用されることを期待しております。

　令和６年10月

檜垣　重臣

凡　例

（本）法	ストーカー行為等の規制等に関する法律（平成12年法律第81号）
施行令	ストーカー行為等の規制等に関する法律施行令（平成12年政令第467号）
施行規則	ストーカー行為等の規制等に関する法律施行規則（平成12年国家公安委員会規則第18号）
平成25年改正法	ストーカー行為等の規制等に関する法律の一部を改正する法律（平成25年法律第73号）
平成28年改正法	ストーカー行為等の規制等に関する法律の一部を改正する法律（平成28年法律第102号）
令和3年改正法	ストーカー行為等の規制等に関する法律の一部を改正する法律（令和3年法律第45号）
平成25年検討会	警察庁において、平成25年11月から26年7月までの間開催された「ストーカー行為等の規制等の在り方に関する有識者検討会」
平成26年報告書	平成25年検討会において26年8月に取りまとめられた「ストーカー行為等の規制等の在り方に関する報告書」
令和2年検討会	警察庁において、令和2年10月から3年1月までの間開催された「ストーカー行為等の規制等の在り方に関する有識者検討会」
令和3年報告書	令和2年検討会において3年1月に取りまとめられた「ストーカー行為等の規制等の在り方に関する報告書」
公安委員会	都道府県公安委員会
警察本部長等	警視総監若しくは道府県警察本部長又は警察署長
法第3条違反行為	法第3条の規定に違反する行為
ストーカー行為等	ストーカー行為又は法第3条違反行為
延長処分	法第5条第9項の規定による禁止命令等の有効期間の延長の処分

ストーカー規制法ハンドブック／目次
~逐条解説から実務参考資料まで~

監修のことば

凡　例

第1　法制定の背景と改正の経緯

1　法制定の背景……………………………………………………………1

2　平成25年改正……………………………………………………………3

3　平成28年改正……………………………………………………………6

4　令和３年改正 …………………………………………………………11

第2 逐条解説

1 目　的（法第1条）……………………………………………………17

2 定　義（法第2条）……………………………………………………21

　2－1 「つきまとい等」の定義（法第2条第1項）………21

　2－2 「位置情報無承諾取得等」の定義（法第2条第3項柱書）………52

　2－3 「ストーカー行為」の定義（法第2条第4項）………66

3 つきまとい等又は位置情報無承諾取得等をして不安を覚え
　させることの禁止（法第3条）………………………………74

4 警　告（法第4条）……………………………………………………77

　4－1 警告の主体、方法等（法第4条第1項、第2項、第5項）………77

　4－2 警告の申出者への通知（法第4条第3項、第4項）………86

5 禁止命令等（法第5条）……………………………………………88

　5－1 緊急時以外の禁止命令等（法第5条第1項、第2項、第5項）………88

　5－2 緊急時の禁止命令等（法第5条第3項、第4項）………101

　5－3 禁止命令等に係る通知（法第5条第6項、第7項）………108

　5－4 禁止命令等の有効期間・延長制度（法第5条第8項～第10項）………110

　5－5 禁止命令等、延長処分の方法（法第5条第11項～第15項）………114

6 ストーカー行為等に係る情報提供の禁止（法第6条） ………… 121

7 警察本部長等の援助等（法第7条） ……………………… 124

8 職務関係者による配慮等（法第8条） …………………… 130

9 国、地方公共団体、関係事業者等の支援（法第9条） ………… 133

10 調査研究の推進（法第10条） …………………………… 138

11 ストーカー行為等の防止等に資するためのその他の措置
（法第11条） ……………………………………………… 139

12 支援等を図るための措置（法第12条） ………………… 142

13 報告徴収等（法第13条） ………………………………… 144

14 禁止命令等を行う公安委員会等（法第14条） ………… 147

15 方面公安委員会等への権限の委任（法第15条、第16条） ……… 155

16 公安委員会の事務の委任（法第17条） ………………… 157

17 罰則（法第18条～第20条） …………………………… 160

18 適用上の注意（法第21条） ……………………………… 166

第3　参考資料

1　法、施行令、施行規則対照表 …………………………………… 167

2　施行規則別記様式 …………………………………………… 182

3　聴聞等規則 …………………………………………………… 198

4　読替後の行政手続法 ………………………………………… 206

> 4－1　施行令第4条の規定による読替え後の行政手続法第3章第2節（第28条を除く。） ……… 206

> 4－2　施行令第4条の規定による読替え後の行政手続法第22条第3項の規定による読替え後の同法第15条第3項 ……… 211

5　意見聴取規則 ………………………………………………… 212

> 5－1　本　文 ……… 212

> 5－2　意見聴取規則別記様式 ……… 219

用語索引 ……………………………………………………………………… 237

第1 法制定の背景と改正の経緯

1 法制定の背景

　法が制定された平成12年当時、都道府県警察に対するつきまとい事案に関する相談件数が急増するとともに、中には、殺人等の凶悪事件に発展するものも少なくないなど、ストーカー事案が大きな社会問題となっていた。

　このような情勢を踏まえ、警察庁においては、平成11年12月に、「女性・子供を守る施策実施要綱」を制定し、女性・子供がつきまとい等を含めた犯罪の被害者となることのないよう、各種防犯指導の実施、相談受理体制の整備、被害者の立場に立った対応の推進について各都道府県警察に対して指導するとともに、いわゆるストーカー行為のうち、現行刑罰法令で対応できないものについて、法律による規制も含めてその対策について検討を行っていた。

　その一方で、ストーカー行為の処罰を求める国民の声に応えるかたちで、与野党においてもストーカー対策法制について検討が進められていた。

　自由民主党においては、参議院議員を中心に平成12年3月から検討が進められ、ストーカー行為についての罰則に加え、警告・命令という行政措置等を内容とする法案の骨格が固められた。また、当時の民主党が同年4月17日にストーカー行為を処罰する法律案を衆議院に提出した。その後、同年5月に与党三党（自由民主党、自由党、公明党）で法案について協議した結果、規制の対象を「恋愛感情その他の好意の感情又はそれが満たされなかったことに対する怨恨の感情を充足する目的」で行うものに限定することで与党案として合意され、野党との協議の結果、与党案に5年後の見直し規定を附則に盛り込むことで与野党の合意がなされた。

　平成12年5月16日、参議院地方行政・警察委員会において、「ストーカー行為等の規制等に関する法律案の件」が審議され、同委員会から法律案が提出されることとなり、翌17日に参議院本会議で可決された。そして、翌18日に衆議院地方行政・警察委員会で可決され、同日衆議院本会議で可決・成立し、同月24日に法が公布された。

本法の制定趣旨については、草案提案者である松村龍二参議院議員が、平成12年5月16日の参議院地方行政・警察委員会で、ストーカー事案の初期段階における既存の刑法（明治40年法律第45号）等の法令が適用できない場面を捉えて必要な規制等を行うことにより、個人の身体、自由及び名誉に対する危害の発生を防止し、あわせて国民の生活の安全と平穏に資することを目的として立案したものと述べている。

ストーカー行為等の規制等に関する法律　草案趣旨説明
（平成12年5月16日松村龍二参議院議員）

　最近、我が国において、悪質なつきまとい行為や無言電話等の嫌がらせ行為を執拗に繰り返す、いわゆるストーカー行為が社会問題化しており、ストーカー行為がエスカレートし、殺人などの凶悪事件に発展する事案が全国的に見受けられるところであります。

　これらの行為については、国民からも特にストーカー行為を規制してほしいとの要望が多く寄せられているところであり、また、その初期段階において法令を適用し、防犯上適切な措置を講ずることが、重大犯罪発生の未然防止に極めて有効であると考えられております。しかしながら、特定の者に対する執拗なつきまとい行為や無言電話等は、刑法や軽犯罪法の適用により対応が可能な場合もあるものの、現実には既存法令の適用が困難な場合が大部分であり、これまで有効な対策をとりがたいものでありました。

　そこで、この法律案は、このような現状を踏まえ、ストーカー行為を処罰する等ストーカー行為等について必要な規制を行うとともに、その相手方に対する援助の措置等を定めることにより、個人の身体、自由及び名誉に対する危害の発生を防止し、あわせて国民の生活の安全と平穏に資することを目的として立案したものであります。

（下線筆者。以下同）

なお、附則第４項で施行後５年を目途として、施行状況を勘案して検討を加え、その結果に基づいて必要な措置を講ずることとされていた。警察庁では、施行後５年を迎えた平成17年、その間に示された判例も踏まえ、第２条第１項各号に規定された行為が全体として反復されたと認められればストーカー行為が成立すること、警告の申出に係る行為がどのようなものであろうとも、同項に規定する全ての行為をしてはならない旨を警告できることとする方針を明らかにし、法の運用の見直しが行われた。

2　平成25年改正

　法は、平成12年の制定以来、ストーカー行為等による被害の未然防止や拡大防止に大きな役割を果たしてきたところである。

　しかし、平成23年12月、千葉県警察において男女間の暴力を伴うトラブルに関して相談を受理し、傷害事件として捜査中のところ、長崎県西海市において女性２名が殺害される事件が発生して、関係県警察における連携の不備等の問題が明らかとなった。さらに、平成24年11月には、神奈川県逗子市において、行為者が被害者に対して当時規制の対象とされていなかった電子メールの送信をした後に当該被害者を殺害する事案が発生した。統計的にも、ストーカー事案の認知件数は増加傾向にあり、同年中の認知件数は19,920件と法施行後最多となった。

　以上のような実情に鑑み[1]、平成25年６月20日、参議院内閣委員会において「ストーカー行為等の規制等に関する法律の一部を改正する法律案に関する件」（草案）が審議され、同委員会から法律案として提出されることとなり、翌21日に参議院本会議で可決された。そして、同月25日に衆議院内閣委

---

1)　草案提出の趣旨として、「ストーカー行為等の規制等に関する法律、いわゆるストーカー規制法は、平成12年の施行以来、被害の未然防止や拡大防止に大きな役割を果たしてきました。しかし、近年、警察の対応の見直しが必要とされる事案が生じ、あるいは規制の対象とならないようなストーカーが行われ、ついには殺害されるという痛ましい事件が発生いたしました。ストーカー事案の数も高水準で推移し、平成24年中の認知件数は約２万件と、ストーカー規制法施行後最多となっております。」（平成25年６月20日参議院内閣委員会相原久美子委員長）と説明されている。

員会で可決され、翌26日に衆議院本会議で可決・成立し、同年7月3日に平成25年改正法が公布された。

平成25年改正法は、電子メールを送信する行為の規制対象への追加、禁止命令等を求める旨の申出及び当該申出をした者への通知等つきまとい等を受けた者の関与の強化、ストーカー行為等の相手方に対する婦人相談所（当時）その他適切な施設による支援の明記、禁止命令等をすることができる公安委員会等の拡大等の措置を講ずるものであり、平成25年7月3日に公布され、電子メールを送信する行為の規制に係る部分については同月23日から、その他の部分については同年10月3日から施行された。

参 考　**平成25年改正法要旨**[2]

Ⅰ　電子メールを送信する行為の規制

拒まれたにもかかわらず、連続して、電子メールを送信する行為を「つきまとい等」に含め、規制の対象とすることとされた。

Ⅱ　警告に係る通知並びに禁止命令等に係る申出及び通知

1　警察本部長等は、警告をしたときは、速やかに、当該警告の内容及び日時を当該警告を求める旨の申出をした者に通知しなければならず、警告をしなかったときは、速やかに、その旨及びその理由を当該警告を求める旨の申出をした者に書面により通知しなければならないこととされた。

2　警告を求める旨の申出をした者の申出によっても、公安委員会は禁止命令等をすることができる。公安委員会は、当該申出を受けた場合において、禁止命令等をしたときは、速やかに、当該禁止命令等の内容及び日時を当該申出をした者に通知しなければならず、禁止命令等

---

2)　参議院議案情報：第183回国会提出・ストーカー行為等の規制等に関する法律案（参法）議案要旨（同院ウェブサイト）。

をしなかったときは、速やかに、その旨及びその理由を当該申出をした者に書面により通知しなければならないこととされた。

Ⅲ　国及び地方公共団体の支援等

1　国及び地方公共団体はストーカー行為等の相手方に対する婦人相談所その他適切な施設による支援に努めなければならないことが明記された。
2　国及び地方公共団体は、1の支援、ストーカー行為等の防止に関する啓発等及び当該防止に関する活動等を行っている民間の自主的な組織活動の支援を図るため、必要な体制の整備、当該組織活動の支援に係る施策を実施するために必要な財政上の措置その他必要な措置を講ずるよう努めなければならないこととされた。

Ⅳ　禁止命令等をすることができる公安委員会等の拡大

1　被害者の居所若しくは加害者の住所（日本国内に住所がないとき又は住所が知れないときは居所。）の所在地又はつきまとい等が行われた地を管轄する公安委員会においても、禁止命令等をすることができるようにされた。
2　警告又は仮の命令をすることができる警察本部長等について、1と同様の改正が行われた。

Ⅴ　施行期日等

1　この法律は、一部を除き、公布の日から起算して3か月を経過した日から施行する。
2　ストーカー行為等その他の特定の者に対する恋愛感情その他の好意の感情又はそれが満たされなかったことに対する怨恨の感情を充足する目的で当該特定の者等に不安を覚えさせるような方法による行為の規制等の在り方については、近年、当該行為に係る事案の数が高い水準で推移していること、当該行為が多様化していること等を踏まえ、所要の法改正を含む全般的な検討が加えられ、速やかに必要な措置が講ぜられるものとされた。

3 平成28年改正

平成25年改正の際、近年、ストーカー事案の相談等件数が高い水準で推移していること、その行為が多様化していること等を踏まえ、附則第5条において、以下のとおり規定された。

平成25年改正法

（検討）

附則第5条 ストーカー行為等その他の特定の者に対する恋愛感情その他の好意の感情又はそれが満たされなかったことに対する怨恨の感情を充足する目的で当該特定の者等に不安を覚えさせるような方法による行為の規制等の在り方については、近年、当該行為に係る事案の数が高い水準で推移していること、当該行為が多様化していること等を踏まえ、所要の法改正を含む全般的な検討が加えられ、速やかに必要な措置が講ぜられるものとする。

2　政府は、前項の行為の実情等を把握することができる立場にあることを踏まえ、同項の規制等の在り方について検討するための協議会の設置、当該行為の防止に関する活動等を行っている民間の団体等の意見の聴取その他の措置を講ずることにより、同項の検討に当たって適切な役割を果たすものとする。

この規定に基づき、警察庁では、平成25年11月から26年7月までの8回にわたり、有識者や被害者関係者等からなる「ストーカー行為等の規制等の在り方に関する有識者検討会」（平成25年検討会）を開催した。平成25年検討会では、ストーカー対策の在り方全般について幅広い検討が行われ、被害者支援団体、被害者御遺族、精神科医等からのヒアリング等も経て、同年8月、「ストーカー行為等の規制等の在り方に関する報告書」（平成26年報告書）が取りまとめられた[3]。

その後、当該報告書の内容も踏まえ、公明党「ストーカー規制法等改正案検討プロジェクトチーム」（座長：大口善徳衆議院議員）、与党「ストーカー規制法改正に関するワーキングチーム」（座長：平沢勝栄衆議院議員）等において検討が行われ、その結果が与党案として取りまとめられた。

平成28年11月17日、参議院内閣委員会において、「ストーカー行為等の規制等に関する法律の一部を改正する法律案に関する件」が審議され、同委員会から法律案として提出されることとなり[4]（その際、「ストーカー事案への対応の更なる充実に関する決議」が可決）、翌18日に参議院本会議で可決された。そして、同月30日に衆議院内閣委員会で可決され、同年12月6日に衆議院本会議で可決・成立し、同月14日に平成28年改正法が公布された。

平成28年改正法は、規制対象行為の拡大、禁止命令等の制度の見直し、罰則の強化等の措置を講ずるものであり、禁止命令等の制度の見直し以外の改正事項（規制対象行為の拡大、罰則の強化等）については29年1月3日から、禁止命令等の制度の見直しについては同年6月14日から施行された。

---

3) 法制定以降から平成26年報告書による提言がなされるまでの経緯については、鈴木三男「ストーカー事案対策の現状と課題」警察学論集67巻11号6頁を、また、平成26年報告書についての詳細な解説については、青山彩子「『ストーカー行為等の規制等の在り方に関する報告書』による提言と今後の課題」同号24頁をそれぞれ参照されたい。

4) 草案提出の趣旨として、「いわゆるSNSの普及など、技術の進歩や社会情勢の変化に伴い、規制の対象とならない行為類型が生じております。ストーカー事案の相談件数は、平成27年で約2万2,000件と、高水準で推移しており、依然として殺人等の重大事案も発生しております。状況は極めて深刻であるため、これまでストーカー規制法の制定及び改正に主導的な役割を果たしてきた参議院として、速やかに対処する必要があります。」（平成28年11月17日参議院内閣委員会難波奨二委員長）と説明されている。

参 考 **平成28年改正法要旨**[5]

Ⅰ 住居等の付近をみだりにうろつく行為及び電子メールの送信等をする行為の規制等

1 住居等の付近をみだりにうろつく行為を「つきまとい等」の対象行為に加え、規制の対象とすることとされた。

2 現行法で「つきまとい等」の対象行為とされている電子メールを送信することのほか、次の行為を対象行為に加え、規制の対象とするとともに、ストーカー行為の定義において、これらの電子メールの送信等をする行為については身体の安全、住居等の平穏若しくは名誉が害され、又は行動の自由が著しく害される不安を覚えさせるような方法により行われる場合に限ることとされた。

  イ 電子メール以外のその受信をする者を特定して情報を伝達するために用いられる電気通信の送信を行うこと。

  ロ イのほか、特定の個人がその入力する情報を電気通信を利用して第三者に閲覧させることに付随して、その第三者が当該個人に対し情報を伝達することができる機能が提供されるものの当該機能を利用する行為をすること。

Ⅱ 禁止命令等の制度の見直し

1 公安委員会は、第3条(つきまとい等をして不安を覚えさせることの禁止)の規定に違反する行為があった場合において、当該行為をした者が更に反復して当該行為をするおそれがあると認めるときは、当該行為をした者に対する警告がされていない場合であっても、その相手方の申出により、又は職権で、禁止命令等をすることができることとされた。

---

5) 参議院議案情報:第192回国会提出・ストーカー行為等の規制等に関する法律案(参法)議案要旨(同院ウェブサイト)。

2 公安委員会は、1のおそれがあると認めるときであって、当該行為
の相手方の身体の安全、住居等の平穏若しくは名誉が害され、又は行
動の自由が著しく害されることを防止するために緊急の必要があると
認めるときは、聴聞又は弁明の機会の付与を行わないで、当該相手方
の申出により（当該相手方の身体の安全が害されることを防止するために
緊急の必要があると認めるときは、その申出により、又は職権で）、禁止
命令等をすることができることとされた。この場合において、当該禁
止命令等をした公安委員会は、意見の聴取を、当該禁止命令等をした
日から起算して15日以内に行わなければならないこととされた。

Ⅲ ストーカー行為等に係る情報提供の禁止

何人も、ストーカー行為等をするおそれがある者であることを知り
ながら、その者に対し、当該ストーカー行為等の相手方の氏名、住所
その他の当該ストーカー行為等の相手方に係る情報でストーカー行為
等をするために必要となるものを提供してはならないこととされた。

Ⅳ ストーカー行為等の防止及びストーカー行為等の相手方の保護に資するための措置等

1 ストーカー行為等に係る相手方の保護、捜査、裁判等に職務上関係
のある者は、その職務を行うに当たり、当該ストーカー行為等の相手
方の安全の確保及び秘密の保持に十分な配慮をしなければならないこ
ととされた。
2 国及び地方公共団体は、ストーカー行為等をした者を更生させるた
めの方法、ストーカー行為等の相手方の心身の健康を回復させるため
の方法等に関する調査研究の推進に努めなければならないこととされ
た。

V 罰則の見直し

1 ストーカー行為をした者に対する刑事罰について、懲役刑の上限を1年に、罰金刑の上限を100万円に、それぞれ引き上げるとともに、告訴がなければ公訴を提起することができないこととしている規定を削除することとされた。

2 禁止命令等（第5条第1項第1号〔更に反復して当該行為をしてはならないこと。〕に係るものに限る。以下同じ。）に違反してストーカー行為をした者及び禁止命令等に違反してつきまとい等をすることによりストーカー行為をした者に対する刑事罰について、懲役刑の上限を2年に、罰金刑の上限を200万円に、それぞれ引き上げることとされた。

VI 施行期日

この法律は、公布の日から起算して20日を経過した日から施行することとされた。ただし、IIについては、公布の日から起算して6か月を経過した日から施行することとされた。

参 考 **ストーカー事案への対応の更なる充実に関する決議（平成28年11月17日参議院内閣委員会）**

政府は、ストーカー行為等の規制等に関する法律の一部を改正する法律の施行に当たり、次の事項について十分配慮すべきである。

一 ストーカー事案については事態が急展開して重大事件に発展するおそれが大きいことから、警察において、ストーカー行為等の被害者等の安全の確保を最優先に、組織的な対応を推進・強化するとともに、ストーカー事案を担当する警察官による迅速かつ的確な対応が確保されるようにすること。

二 ストーカー行為罪について非親告罪化しても、警察及び検察においては、その事案の対応に当たり、ストーカー行為等の被害者の意向を

十分に尊重した運用を行うようにすること。

三　ストーカー事案の特性を踏まえ関係機関等において適切な対応・支援がなされるよう、専門的能力や経験を有する人材の養成及び確保に努めること。

四　ストーカー行為等の被害者に対しては、その状況に応じた医学的・心理的なケアが適切に提供されるよう、必要な体制の整備を図ること。

五　ストーカー行為等をした者を更生させるための方法に関する調査研究等の加害者対策においては、精神医学的・心理学的な手法も含め、その適切かつ効果的な手法の研究・開発に重点的に取り組み、その成果の活用につなげること。

六　ストーカー行為等の被害者等がストーカー行為等を受けた早期の段階からちゅうちょなくその被害について相談することができるよう、関係する機関・団体における相談体制の拡充強化を図ること。

右決議する。

4　令和3年改正

　社会における様々な分野での技術革新に伴い、ストーカー事案の手口にも様々なものが現れていたところ、GPS（Global Positioning System〔全地球測位システム〕）を利用して位置情報を把握するための機器を相手方の自動車等にひそかに取り付け、その位置情報を取得するという手口が見られるようになっていた。警察では、このような行為に対し、「住居等の付近において見張り」をする行為に該当するものと捉えて法違反で対処していたところ、令和2年7月、最高裁判所において、「住居等の付近において見張り」をする行為に該当するためには、GPS機器等を用いる場合であっても、相手方の住居等の付近という一定の場所において同所における相手方の動静を観察する行為が行われることを要するものと解することが相当である旨判示された[6]。

---

6)　最判令2・7・30刑集74巻4号476頁。

GPS 機器等を用いて位置情報を取得する行為は、自分の位置情報が詳細に把握されるのではないかという不安を相手方に覚えさせることに加え、把握した情報を基に、押し掛け等のつきまといや凶悪犯罪にも発展するおそれがあるものであり、GPS 機器等が広く出回っている状況を踏まえると、今後、ますますストーカー事案にも利用されるおそれがあった。

そこで、警察庁では、令和 2 年10月から 3 年 1 月までの 4 回にわたり、大学教授、弁護士、ストーカー被害者御遺族、NPO 法人理事長からなる「ストーカー行為等の規制等の在り方に関する有識者検討会」（令和 2 年検討会）を開催し、GPS 機器等を利用したストーカー事案をはじめ、最近のストーカー事案の実情を踏まえた効果的な規制の在り方等について検討を行った。令和 2 年検討会の議論は、令和 3 年 1 月に「ストーカー行為等の規制等の在り方に関する報告書」（令和 3 年報告書）として取りまとめられ、それを受けた警察庁において具体的な法改正内容が検討され、法としては初めて内閣提出法案として改正法案が国会に提出された[7]。同改正法案は、令和 3 年 4 月 8 日の参議院内閣委員会での審議、同月 9 日の参議院本会議での可決、同年 5 月12日の衆議院内閣委員会での審議、同月18日の衆議院本会議での可決・成立を経て、同月26日に令和 3 年改正法が公布された。なお、同改正法案の審議では、改正項目以外にも、つきまとい等に係る恋愛感情等の充足目的要件の見直し、加害者の再犯防止対策等について議論された。

令和 3 年改正法は、規制対象行為の拡大、禁止命令等に係る書類の送達に関する規定の整備を行うものであり、つきまとい等に係る規制対象行為の拡大については令和 3 年 6 月15日から、位置情報記録・送信装置の位置情報の無承諾取得等の規制対象行為の拡大、禁止命令等に係る書類の送達等に関する規定の整備については同年 8 月26日から施行された。

---

7) 政府提出法案とした理由として、「ストーカー事案の相談や取締りを通じてこうした事案の実態を把握している警察庁におきまして検討し、早急な対応をするべきであると考えられたことから、閣法による改正の手続を通じて国会におきまして御審議をいただいているところでございます。」（令和 3 年 4 月 8 日参議院内閣委員会小田部耕治警察庁生活安全局長答弁）と説明されている。

参 考 **令和 3 年改正法要旨**[8]

I 規制対象行為の拡大

1 次に掲げる行為を「つきまとい等」に追加して、規制の対象とすることとする。

 (1) 相手方が現に所在する場所の付近において見張りをし、当該場所に押し掛け、及び当該場所の付近をみだりにうろつく行為

 (2) 拒まれたにもかかわらず連続して文書を送付する行為

2 次に掲げる行為を「位置情報無承諾取得等」として、規制の対象とすることとする。

 (1) 相手方の承諾を得ないで、その所持する位置情報記録・送信装置（当該装置の位置に係る位置情報を記録し、又は送信する機能を有する装置をいう。以下同じ。）（(2)の行為がされた位置情報記録・送信装置を含む。）により記録され、又は送信される当該装置の位置に係る位置情報を一定の方法により取得する行為

 (2) 相手方の承諾を得ないで、その所持する物に位置情報記録・送信装置を取り付けること、位置情報記録・送信装置を取り付けた物を交付することその他その移動に伴い位置情報記録・送信装置を移動し得る状態にする行為

II 禁止命令等に係る書類の送達

 禁止命令等について、書類を送達して行うこととするとともに、その送達を受けるべき者の住所及び居所が明らかでない場合には、都道府県公安委員会は、その送達に代えて公示送達をすることができることとする。

---

8)「ストーカー行為等の規制等に関する法律の一部を改正する法律要綱」（警察庁ウェブサイト）。

Ⅲ　その他

その他所要の改正を行うこととする。

Ⅳ　施行期日

この法律は、公布の日から起算して20日を経過した日から施行することとする。ただし、Ⅰの2、Ⅱ及びⅢの規定は、公布の日から起算して3か月を経過した日から施行することとする。

参　考　衆参内閣委員会における附帯決議

○　**参議院内閣委員会**（令和3年4月8日）

政府は、本法の施行に当たり、次の諸点について適切な措置を講ずるべきである。

一　位置情報無承諾取得等の規制対象となる事項を政令で定めるに際しては、科学技術の進展に機動的に対応した内容となるよう配慮するとともに、規制対象の具体的な内容が明確なものとなるよう、十分留意すること。

二　位置情報無承諾取得等に関し、位置情報記録・送信装置の取付け等に関する承諾の撤回に相手方が応じない場合等については、後に重大な被害へとつながるおそれがあるため、ちゅうちょすることなく警察等へ相談するよう周知すること。併せて、警察において相談に対し適切に対応する体制を整え、その旨についても周知すること。

三　禁止命令等を書類の送達で行うことにより、従来の直接交付の場合に比べて迅速な対応が困難となる事案も生じうることから、犯罪抑止効果が弱まることのないよう、十分留意すること。

四　多様化するストーカー事案に早急に対応するため、警察がこれまでに対応したストーカー事案の分析及び検証を行い、その結果、現

行の規制では対応できない事例が確認された場合には、法制度面も含め速やかに必要な見直しを行うこと。

五　ストーカー事案の加害者の再犯を防止するため、性犯罪者に対する性犯罪者処遇プログラム等を参考に、警察と関係機関の連携を推進し、加害者の治療及び更生をより一層支援すること。併せて、ストーカー事案が依然として後を絶たない状況に鑑み、被害発生を未然に防止するための知識の普及啓発等についても、学校教育等の活用を含め、関係府省と連携し、対策を講ずること。

六　監視カメラを悪用したストーカー事案は、位置情報無承諾取得等同様、相手方が認識できないように行われる極めて悪質な事案であり、本法の規制対象とすることを含め、必要な対策を検討すること。

七　怨恨の感情等に基づくストーカー事案など、本法に抵触しない動機に基づくものであっても、本法で規制されている恋愛感情に基づくストーカー事案同様、被害者に多大な恐怖をもたらすものもあることから、本法の規制対象とすることを含め、必要な対策を検討すること。その際、過度に広範な規制とならないよう、罪刑法定主義を十分に踏まえること。

○　衆議院内閣委員会（令和3年5月12日）

　政府は、本法の施行に当たっては、次の事項に留意し、その運用等について遺漏なきを期すべきである。

一　近年、ストーカー事案が多様化していることに鑑み、本法第2条第3項に基づく政令を、多様化したストーカー事案に適切に対応することができるように定めるなど、ストーカー事案による被害を防止するために万全の措置を講ずること。また、本法による規制では十分に対応できない事案が生じた場合には、当該事案の分析及び検証を行った上で、必要な法制上の措置を講ずること。

二　ストーカー事案の被害者が適切な支援を受けることができるよう、警察において被害者のための相談窓口を整備すること。また、

被害者が躊躇なく相談できるよう、犯罪に該当することが必ずしも明らかとはいえない事案についても、相談に応ずるとともに、適切に対応する旨周知すること。

三　ストーカー事案の被害者が、早期の段階で関係機関につながるように、国及び地方公共団体の相談窓口を充実させるとともに、民間の自主的な活動を含めた連携協力を推進すること。

四　本法第2条第3項に基づく政令を定めるに当たっては、規制事項を具体的かつ明確なものとし、不当に対象を広げないよう留意すること。

五　ストーカー事案の加害者による再犯を防止するため、関係機関と連携して加害者の治療及び更生を支援すること。また、加害者及びその家族からの相談窓口を拡充すること。

六　学校教育を含め、ストーカー事案を未然に防止するための知識の普及啓発等を推進すること。

七　怨恨の感情等によるストーカー事案のうち、恋愛感情等によらないものについては、ストーカー行為等の規制等に関する法律の規制対象ではないが、被害者に恐怖の念を抱かせるおそれがあることに鑑み、同法の規制対象とすることを含め、必要な対策を検討すること。その際、過度に広範な規制とならないよう留意すること。

八　監視カメラを利用したストーカー事案については、ストーカー行為等の規制等に関する法律の規制対象とすることを含め、必要な対策を検討すること。

九　禁止命令等の方法については、犯罪抑止効果を高めるため、従来どおり原則として直接交付によって行うこと。

第2 逐条解説

1　目的（法第1条）

> （目的）
> 第1条　この法律は、ストーカー行為を処罰する等ストーカー行為等について必要な規制を行うとともに、その相手方に対する援助の措置等を定めることにより、個人の身体、自由及び名誉に対する危害の発生を防止し、あわせて国民の生活の安全と平穏に資することを目的とする。

趣　旨

　「ストーカー行為」（法第2条第4項参照）は、特定の者に対して繰り返し行われることによって、その相手方に不安を覚えさせるとともに、行為が次第にエスカレートし、事態が急展開して殺人等の重大事件に発展し、その相手方の身体、自由又は名誉に対する危害を与えるおそれのある行為であり、広く国民の生活の安全と平穏を害するものであると評価できる。

　もとより、個人の身体、自由、名誉、住居の平穏等については、刑法等の刑罰法令が、これらの法益を害する一定の行為を行った者に対する刑罰権の行使を通じて、その者が将来再びその行為を行わないようにする「特別予防機能」や社会の一般人を犯罪から遠ざける「一般予防機能」を発揮することにより、その保護を図っている。

　しかしながら、ストーカー行為については、上記の特徴を有することから、被害者保護の徹底を図るためには、刑罰権の行使による「事後的処罰」のみならず「事前的予防」、つまり、国民に危害が及ぶ前のできる限り早い段階で警察等が積極的な措置を講じることが求められる（こうした考え方は、「その初期段階において法令を適用し、防犯上適切な措置を講ずることが、重大犯罪発生の未然防止に極めて有効であると考えられております。しかしながら、特定

18　第2　逐条解説

の者に対する執拗なつきまとい行為や無言電話等は、刑法や軽犯罪法（昭和23年法律第39号）の適用により対応が可能な場合もあるものの、現実には既存法令の適用が困難な場合が大部分であり、これまで有効な対策をとりがたい」ものであるとの法案趣旨説明にも表れている[1]。）。

　法は、こうした社会的要請を踏まえ、ストーカー行為を処罰するなど、ストーカー行為等についての必要な規制を行うこととしたもの、具体的には、

　　○　ストーカー行為をした者等を直接に処罰の対象とし、この種事案における「犯罪」に該当する行為の範囲を広げる

　　○　当該罪や他の刑罰法令に規定する罪に該当する行為に至らない段階においても[2]、被害者に不安を覚えさせるような方法により行われる社会的に逸脱した一定の行為類型を捉えて警告や禁止命令等を行うことができるようにする

こととしたものであり、さらに、ストーカー行為等に至らない段階でも警察本部長等が一定の援助を行うこととして、「事前的予防」と「事後的処罰」の両方の要請に応え、個人の身体、自由及び名誉に対する危害の発生を防止し、あわせて国民の生活の安全と平穏を図ることを目的としたものであるといえる。

　第1条は、こうした本法の目的について明記したものである。

　なお、こうした本法の規制の在り方については、憲法第13条等に違反するのではないか等と裁判で主張された例があるが、本法の目的の正当性、規制の内容の合理性、相当性を踏まえて、本法第2条第1項、第4項、第18条は、憲法第13条、第21条第1項に違反しないとの判断がなされた（後掲最判平15・12・11〔重要判例1〕）。

---

1)　平成12年5月16日参議院地方行政・警察委員会松村龍二議員（草案提案者）答弁。
2)　四條北斗「ストーカー規制法2条1項1号の『見張り』及び『押し掛ける』の意義」大阪経大論集66巻1号300頁においては、「ストーカー規制法の立法目的は、刑法典上の罪に至る前段階の行為を規制対象行為とすることで、ストーカー行為のエスカレートによる重大な被害の発生を未然に防ぐことにある」とされている。

1 目的（法第1条） 19

【重要判例1】法に基づく規制の憲法適合性に関するもの[3]（最判平15・12・11刑集57巻11号1147頁）

(1) 事件の概要

　本件は、被告人が、元交際相手の女性に対して、恋愛感情その他の好意の感情を充足する目的で、同女の自宅に花束や郵便物を送るというストーカー行為をしたとして、法違反の事実で起訴された事案であり、法の憲法適合性（憲法第13条及び第21条第1項に違反するかどうか）等が争われたものである。

(2) 判示内容

　「ストーカー規制法は、ストーカー行為を処罰する等ストーカー行為等について必要な規制を行うとともに、その相手方に対する援助の措置等を定めることにより、個人の身体、自由及び名誉に対する危害の発生を防止し、あわせて国民の生活の安全と平穏に資することを目的としており、この目的は、もとより正当であるというべきである。そして、ストーカー規制法は、上記目的を達成するため、恋愛感情その他好意の感情等を表明するなどの行為のうち、相手方の身体の安全、住居等の平穏若しくは名誉が害され、又は行動の自由が著しく害される不安を覚えさせるような方法により行われる社会的に逸脱したつきまとい等の行為を規制の対象とした上で、その中でも相手方に対する法益侵害が重大で、刑罰による抑制が必要な場合に限って、相手方の処罰意思に基づき刑罰を科すこととしたものであり、しかも、これに違反した者に対する法定刑は、刑法、軽犯罪法等の関係法令と比較しても特に過酷ではないから、

---

3)　本裁判例の評釈を行ったものとしては、中川正浩「ストーカー規制法の検討」警察学論集62巻6号27〜30頁、山田耕司「最高裁判所判例解説」法曹時報57巻12号312〜330頁、同「時の判例」ジュリスト1266号186〜188頁、荻原滋「ストーカー行為の処罰とその合憲性」法律時報78巻3号96〜100頁、藤井樹也「いわゆるストーカー規制法の合憲性」ジュリスト1269号12〜13頁、上村都「ストーカー規制法と憲法13条・21条1項」判例セレクト2004・3頁、東北大学公法判例研究会「公法判例研究」法学69巻3号360〜367頁等がある。

ストーカー規制法による規制の内容は、合理的で相当なものであると認められる。以上のようなストーカー規制法の目的の正当性、規制の内容の合理性、相当性にかんがみれば、同法2条1項、2項（筆者注：現4項）、13条1項（筆者注：現18条）は、憲法13条、21条1項に違反しないと解するのが相当である。このように解すべきことは、当裁判所の判例（最高裁昭和57年（行ツ）第156号同59年12月12日大法廷判決・民集38巻12号1308頁、最高裁昭和57年（あ）第621号同60年10月23日大法廷判決・刑集39巻6号413頁）の趣旨に徴して明らかである。」

解 説

　本法は、「個人の身体、自由及び名誉に対する危害の発生を防止」することと、「国民の生活の安全と平穏に資すること」の2つを目的として掲げている。

　「個人の身体、自由及び名誉に対する危害」とは、個人の身体、自由及び名誉に係る犯罪（傷害、暴行、脅迫、強要、不同意わいせつ、不同意性交等、名誉毀損等）による被害及びこれらの犯罪には至らない程度の不正行為等による被害並びにこれらの被害が発生する危険性を指すものと考えられる。

　「危害の発生を防止」するとは、これらの危害の発生を未然に防止することである。ストーカー行為は次第にエスカレートし、事態が急展開して殺人等の重大事件に発展するものであることから、これらの犯罪等の被害の発生を未然に防止するためにストーカー行為等を規制することを明らかにしたものと考えられる。

　「生活の安全と平穏」とは、個人が安全で平穏に暮らしていける状態を意味する。ストーカー行為等は、それ自体、相手方に不安を覚えさせて生活の安全と平穏を害する行為と評価できる。そこで、国民が安全で平穏に暮らしていける状態を確保する観点から、ストーカー行為等を規制することを明らかにしたものと考えられる。

2 定義（法第2条）

2－1 「つきまとい等」の定義（法第2条第1項）

（定義）

第2条 この法律において「つきまとい等」とは、特定の者に対する恋愛感情その他の好意の感情又はそれが満たされなかったことに対する怨恨の感情を充足する目的で、当該特定の者又はその配偶者、直系若しくは同居の親族その他当該特定の者と社会生活において密接な関係を有する者に対し、次の各号のいずれかに掲げる行為をすることをいう。

趣　旨

　本条は、法における規制対象行為である「つきまとい等」「位置情報無承諾取得等」及び「ストーカー行為」の定義について規定したものであり、第1項は、そのうち、「つきまとい等」について定義したものである。

　「つきまとい等」と「ストーカー行為」の関係は、前者を後者の前段階の行為として捉えることができる。本法においては、いわゆるストーカー行為の中から悪質性の高いものを「ストーカー行為」として捉えて罰則の対象とするとともに、そこまでに至らない前段階の行為を「つきまとい等」と捉え、特に危害防止の観点から警告又は禁止命令等という行政措置の対象としたものと考えられる。

解　説

ア　目的要件

　本法で規制の対象とする「つきまとい等」については、その行為類型を法第2条第1項第1号から第8号で定義するとともに、これらが「特定の者に対する恋愛感情その他の好意の感情又はそれが満たされなかったことに対する怨恨の感情を充足する目的」で行われたものに限定されている。

　「好意の感情」とは、好きな気持ち、親愛感のことをいい、例示として挙げ

られている恋愛感情以外にも、著名人等に対するあこがれの感情や、特定の女性と性交渉を持ちたいというような性的な感情も含まれるものと考えられる。

「それが満たされなかったことに対する怨恨の感情」とは、好意の感情が満たされなかったことに対する怨恨の感情であることから、自分の好意が相手方に受け入れられないためにその好意の感情が怨恨の感情に転化したものであることが必要となると考えられる。

なお、これらの感情は男女間に限って抱かれるものではないが、不特定の者の中の一人に対して向けられた感情ではなく、特定の者に向けられた特別な感情を抱いている必要があると考えられる。

「充足する目的で」とされていることから、例えば、好意の感情が相手方に受け入れられることや相手方がそれに応えて何らかの行動を取ることを望んで当該行為を行うなど、好意の感情や怨恨の感情が充足される目的で法第2条第1項各号の行為がなされることが必要となると考えられる[1]。

このような限定がなされたのは、実態として恋愛感情等に起因するものがほとんどであったことから（平成9年1月から11年6月までの間に各都道府県警察が受理したつきまとい行為に係る相談事案のうち、社会通念上悪質性が認められるものの検挙措置を講ずることができなかったものとして警察庁に報告された822件を調査した結果のうち、その動機が判明しているもの669件中、交際希望又は性的な関心を理由とするものが590件〔88.2％〕であった。）、国民に対する規制の範囲を最小限にし、マスコミ活動、組合活動等が規制の対象とならないようにするためである[2][3]。

---

1) 「好意の感情とは、一般的には好きな気持ち、親愛感のことを言いますが、この法律においては、つきまとい等を規制するに当たりまして、恋愛感情その他の好意の感情を充足する目的等を存在要件（筆者注：構成要件）としておりまして、その感情が充足され得るものであることが予定されていることから、単に一般的に好ましいと思う感情だけではなく、相手方がそれにこたえて何らかの行動をとってくれることを望むものを言うと考えられます。また、一例を、本当に一例だけでございますが申し上げますと、女優、あるいはテレビを見ておりましてその画面に載るニュースキャスター等に対するあこがれの感情など、恋愛感情には至らないものも好意の感情に該当し得るものと考えておるわけであります。」（平成12年5月16日参議院地方行政・警察委員会松村龍二議員〔草案提案者〕答弁）

2 定義（法第2条） 23

> **【重要判例2】つきまとい等の目的要件に係る犯罪構成要件としての明確性に関するもの**[4]（東京高判平28・8・3判例タイムズ1438号117頁）
>
> **(1) 事案の概要**
>
> 　本件は、被告人が、かつて交際し同棲していた女性に対する恋愛感情等を充足する目的で、同人に対し、23回にわたり電子メールを送信し、その名誉を害する事項やその性的羞恥心を害する事項を告げるなどのストーカー行為をしたとして、法違反の事実で起訴され、第1審は法違反が成立すると判断したが、被告人が、つきまとい等の目的要件は概念自体が曖昧であって、これを構成要件とする法第13条第1項（筆者注：現第18条）は、不明確な刑罰法規として違憲無効であるから、これを適用して有罪とした原判決には法令適用の誤りがある等と主張して控訴した事案である。

---

2)　「つきまとい等に関する実態について警察庁から説明を受けましたところ、その実態として、交際を求めたり、離婚後に復縁を迫るために行われている例が多く、またこれらの場合には、その相手方に対する暴行、脅迫、ひいては殺人等の犯罪に発展するおそれの強いものと聞いております。そこで、国民に対する規制の範囲を最小限にするためにも、規制の対象を、恋愛感情その他の好意の感情またはそれが満たされなかったことに対する怨恨の感情を充足する目的で行われるものに限ったところであります。」（平成12年5月16日参議院地方行政・警察委員会松村龍二議員〔草案提案者〕答弁）

3)　「ストーカー規制法では、恋愛感情等充足目的で行われる一定の行為を規制の対象としているところでございまして、それ以外の目的で行われる行為については法律の対象外となっております。これは、立法当時におきまして、つきまとい等は、実態として、交際を求めたり離婚後の復縁を迫ったりするために行われる例が多く、これらの場合には、その相手方に対する暴行、脅迫、ひいては殺人などの犯罪に発展するおそれが強いと言われていたことから、また一方で、国民の私生活に対する規制の範囲を最小限にすべきであるということも考えまして、恋愛感情等充足目的を持つ者に限って規制するものとしたものでございます。この目的要件を拡大する場合には、例えばジャーナリストの取材活動とか調査活動であっても幅広く規制対象となるおそれがあるなど、検討を要する点も少なくありません。」（平成28年11月30日衆議院内閣委員会魚住裕一郎〔法案提出者〕答弁）

4)　本裁判例の評釈を行ったものとしては、是木誠「刑事判例研究」警察学論集71巻4号160〜168頁、四條北斗「ストーカー規制法2条1項柱書の『恋愛感情等充足目的』の犯罪構成要件としての明確性」大阪経大論集69巻6号123〜135頁がある。

⑵ 判示内容

「本件規定において、『好意の感情』を含む恋愛感情を充足する目的が要件とされたのは、つきまとい事案のほとんどが恋愛感情等に起因するものであるという実態を前提に、規制の範囲を最小限にするためである上、『恋愛感情その他の好意の感情又はそれが満たされなかったことに対する怨恨の感情』との概念は、『好意の感情』の部分を含め、通常の判断能力を有する一般人において、具体的場合にその行為が規制対象行為に該当するかどうかを判断することは十分可能であると考えられる。所論に鑑み敷衍すれば、『好意の感情』とは、一般的には好きな気持ち、親愛感のことをいうと解されるが、ストーカー規制法においては、その構成要件上、『好意の感情』等を充足する目的が必要とされているから、本件規定違反の犯罪が成立するためには、単に一般的に好ましいと思う感情だけではなく、相手方がそれにこたえて何らかの行動をとってくれることを望むという意味での『好意の感情』があり、かつ、それを充足する目的が存在すると認められる必要があると解される。この意味における『好意の感情』は、上記の判断基準に照らしても明確であるといえる上、『充足する目的』の要件による限定も加わるのであって、規制対象が過度に広範になるとの主張は採用し得ない。また、……同棲関係にあった男女間の働きかけであっても、ストーカー規制法 2 条各号（筆者注：2 条 1 項各号）に規定された行為に該当しなければ、本件規定違反の罪は成立しないことはいうまでもない。また、これが肯定された場合にも、同棲関係にあったこと自体で直ちに『好意の感情』を充足するための働きかけであるとの推認が働くわけでもなく、同棲関係にあったことをも含む両者の関係性に加え、働きかけの具体的な態様及び内容や、働きかけに至る経緯等、種々の事情を総合的に考慮した上で判断することになるのであって、所論は失当であるといわざるを得ない。」

イ　行為の相手方

　行為の相手方は、好意の感情等を抱いている対象である「特定の者」及び「その配偶者、直系若しくは同居の親族その他当該特定の者と社会生活において密接な関係を有する者」である。

　「特定の者」とは、好意の感情又はそれが満たされなかったことに対する怨恨の感情を抱かれている者である。

　「社会生活において密接な関係を有する者」とは、「特定の者」の身上、安全等を配慮する立場にある者[5]であり、その者のために「特定の者」に対する好意の感情が満たされない、又はその者に対して嫌がらせを行うことによって「特定の者」を心理的に圧迫し、その意思決定を左右しかねないような場合が該当すると考えられる。具体的には、友人、職場の上司等が考えられるが、「社会生活において密接な関係を有する者」に該当するかどうかは、個々の事案に基づいて判断されることとなろう。

---

　5)　「『当該特定の者と社会生活において密接な関係を有する者』とは、被害者の身上、安全等を配慮する立場にある者を言うものと思われ、学校の教師、職場の上司等がこれに該当すると考えられます」（平成12年5月16日参議院地方行政・警察委員会松村龍二議員〔草案提案者〕答弁）

26　第2　逐条解説

2−1−1　第1類型（第1項第1号）

> （定義）
>
> **第2条**　（略）
>
> 　一　つきまとい、待ち伏せし、進路に立ちふさがり、住居、勤務先、学校その他その現に所在する場所若しくは通常所在する場所（以下「住居等」という。）の付近において見張りをし、住居等に押し掛け、又は住居等の付近をみだりにうろつくこと。

趣　旨

　法第2条第1項各号は、つきまとい等に該当する行為（8類型に分類）について規定したものである。この点、つきまとい等については、実際には乱暴な言動で交際を迫ったり、ヌード写真の顔の部分を相手方の顔に置き換えたものにその名誉を害する文章を書いたものを送付したりするなど一つの行為が複数の号に該当する場合や、特定の者につきまとうとともに、その自宅に無言電話を執拗にかけ続ける等複数の号に該当する行為を行っている場合が多い実態がある。

　第1の類型は、行為の相手方に対してつきまといや待ち伏せ等を行うことであり、平成28年改正及び令和3年改正を経て、現在の規定に至っている。

　法制定時には、「住居等の付近をみだりにうろつくこと」は対象とされていなかったが、法施行以降、警察が把握したストーカー事案においては、加害者が原付バイクで被害者の自宅付近を繰り返し通過していたなど、被害者の自宅等の周辺をうろつく行為を行ったにもかかわらず、法第2条第1項第1号に規定する「待ち伏せ」や「見張り」等には当たらないとして、法に基づく警告やストーカー行為罪等での立件に至らなかったものがみられた。平成26年報告書においても、「正当な理由なく被害者宅の付近等をうろつくような『はいかい』行為は、既に規制対象とされている見張り等と比較しても、被害者が当該事実を知ったときに覚える不安の程度に大きく異なるところはない」「『はいかい』行為についても現在ストーカー規制法第2条第1項第1号で規制対象と

されている『見張り』や『押し掛け』と同様に位置付け、相手方の身体の安全、住居等の平穏等が害され、又は行動の自由が著しく害される不安を覚えさせるような場合、規制対象とするべきである」との提言がなされた[6]。

　これらも踏まえ、平成28年改正法により、被害者等の住居等の周辺を「みだりにうろつく」行為についても、法の規制対象行為として追加された。

　また、令和3年改正の検討時、相手方のSNS（Social Networking Service）上に書き込まれた情報や相手方の関係する行事に関する情報等を基に、「通常所在する場所」には該当しない相手方が訪れた店舗や参加した行事の会場等に押し掛ける事例が見られた[7]。このような相手方が現に所在する場所の付近で見張りをし、同所に押し掛け、その付近をみだりにうろつく行為については、実際に行為者が接近してきているという点において、相手方は自分の行動が把握されている又は常時監視されているのではないかとの不安を覚え、自由に行動することができなくなるおそれもあると考えられ、住居等の付近での見張り等が行われることと同様であると評価できる[8]。令和3年報告書においても、「ストーカー規制法ができた頃は、見張りや押し掛けることの効率性を考えると、通常所在する場所に行くというのが普通だろうということで恐らく限定がかかっていたと思う。今は、そういう場所ではなくても居場所が分かるようになっていて、被害者の側が感じる不安や危険は場所によって変わらない」ことから、「『住居、勤務先、学校その他通常所在する場所』に加えて、相手方が『現に所在する場所』における見張り等についても規制の対象とすることが適当である。」とされている[9]。

---

6)　平成26年報告書4頁。
7)　令和2年検討会第2回（同年11月27日）配布資料4。
8)　「こういった相手方が現に所在する場所の付近における見張り等につきましては、実際に行為者が接近してきているという点におきまして、相手方としては、自分の行動が把握されている又は常時監視されているのではないかと不安を覚え、自由に行動することが困難になる不安を覚えるとともに、行為がエスカレートして相手方の身体に対して危害が加えられるおそれがあると考えられることから、今回の改正におきまして新たに規制対象とするものでございます。」（令和3年4月8日参議院内閣委員会小田部耕治警察庁生活安全局長答弁）
9)　令和3年報告書18頁。

28　第2　逐条解説

　そこで、令和3年改正法により、「現に所在する場所」の付近における見張り等についても「つきまとい等」として規制の対象とされた。

解　説

　つきまとい、待ち伏せ、立ちふさがりについては場所の限定はないが、押し掛けについては、相手方の「住居、勤務先、学校その他その現に所在する場所若しくは通常所在する場所」において行われる必要があり、また、見張り、うろつきについては、「住居、勤務先、学校その他その現に所在する場所若しくは通常所在する場所の付近」において行われる必要がある。

　「その現に所在する場所」とは、見張り等の行為が行われている時点において、その相手方が実際に所在している場所をいう。

　「通常所在する場所」とは、相手方が所在することが通常予定されている場所をいう[10]。

　「つきまとい」とは、軽犯罪法第1条第28号における「つきまとい」と同様に、しつこく追随することがこれに当たると考えられる。

　「待ち伏せ」については、隠れて待つことを要しないと考えられる（重要判例3参照）。また、裁判例では、「それが相手方が予期せぬ場所や状況の下でなされる必要はなく、他方で、相手方に対して話しかける、あるいは自己の姿を見せるなどして、自らの気持ちを伝える意思ないし目的があることが必要であると解され〔る〕」と判示するものがあるが（重要判例3参照）、例えば、行為の相手方の住居等の付近に行為者が身を潜め、相手方の行動を監視したり、当該相手方の姿をカメラで繰り返し撮影したりするなどの行為が行われたものの、当該相手方に自らの気持ちを伝える意思ないし目的までは持ち合わせていないような場合であっても、こうした行為が行われていることを知った相手方は、一般的に、身体の安全や生活の平穏が害される不安を覚えると

---

10)　「『その通常所在する場所』とは、住居、勤務先、学校等、特定の者またはその者と社会生活において密接な関係を有する者が所在することが通常予定されている場所を言うと考えられます。」（平成12年5月16日参議院地方行政・警察委員会松村龍二議員〔草案提案者〕答弁）

いえ、「個人の身体、自由及び名誉に対する危害の発生を防止し、あわせて国民生活の安全と平穏に資する」という法の目的に鑑みれば、こうした行為も「待ち伏せ」に含まれると解する余地はあるのではないかと考えられる。

「見張り」とは、一定時間継続的に動静を見守ることをいう。そして、この継続性は、「一般的な『見張り』の概念に内在する性質であって、それに付加して必要とされる要件ではない」と考えられるのであり、「観察にどの程度の時間を要するかは、観察する目的によって異なり、……そのような行為を観察時間が短いことのみを理由に『見張り』に当たらないとして本法の規制の対象から除外すべき理由はない。また、相手方の動静を観察することは、必ずしも1回に相当程度の時間継続して観察しなくとも、ごく短時間の観察を繰り返すことによっても可能であるから、そのように繰り返して観察する場合には、たとえその一環として行われる個々の観察行為自体は短時間であっても、個々の観察行為それぞれが継続的性質を有する『見張り』に当たるということができる」と考えられる（重要判例4参照）。

「押し掛け」とは、住居等の平穏が害されるような態様で行われる訪問であって社会通念上容認されないものをいう。

「うろつく」とは、あてもなく移動することをいう。また、「みだりに」は、「正当な理由なく」という意味よりもやや広く、行為の態様を示す意味も含んでおり、社会的相当性がないような態様によることを意味する。「みだりに」との要件が付されたのは、当該うろつき行為については、一般国民の日常生活において行われ得るものであることから、その規制の対象となる行為は、社会的相当性のないものに限定する必要があると考えられたためであり、行為者が当該行為を行った理由・目的のほか、行為の外形、経緯、状況等の具体的事情を総合考量して、社会的相当性がないと認められる場合には、規制の対象に当たることとなる。

「通常所在する場所」の付近での見張り、同所への押し掛け、同所付近でのみだりなうろつきに関しては、これらの行為が行われていた際に同所に相手方が所在している必要はないし、これらの行為が行われた時点で相手方がその事実を知っていることも必要とされないと考えられる（重要判例4参照）。

30　第2　逐条解説

【重要判例3】法第2条第1項第1号の「待ち伏せ」の意義に関するもの[11]（東京高判平24・5・24高検速報平24・126頁）

(1)　事件の概要

　本件は、被告人が、平成22年6月から約半年間において、5回にわたり、路上やサウナ施設の出入口付近及び同施設の受付付近等において、元婚約相手の女性を待ち伏せしたとして、法違反の事実で起訴された事案であり、法第2条第1項第1号の「待ち伏せ」について、①隠れて待つことを要するかという点、②相手方に自分の気持ちを表明する意思があることを要するかという点が争われたものである。

(2)　判示内容

ア　隠れて待つことを要するかという点について（①）

　「個人の身体、自由及び名誉に対する危害を防止し、あわせて国民の生活の安全と平穏に資するという法の目的（ストーカー規制法1条）及び保護法益からすると、同法2条1項1号にいう『待ち伏せ』を、行為者が隠れて待つ場合に限定する理由はなく、……不要であると解される。」

イ　相手方に自分の気持ちを表明する意思があることを要するかという点について（②）

　「ストーカー規制法の趣旨及び同法がストーカー行為の類型として、待ち伏せのほかに、つきまとい、立ちふさがり、見張りを挙げていること、並びに待ち伏せの日常的な用語としての意味内容にも照らすと、『待ち伏せ』の要件としては、それが相手方が予期せぬ場所や状況の下でなされる必要はなく、他方で、相手方に対して話しかける、あるいは自己の姿を見せるなどして、自らの気持ちを伝える意思ないし目的があることが必要であると解され〔る〕」。

---

11)　本裁判例の評釈を行ったものとしては、滝谷英幸「特別刑法判例研究」法律時報86巻4号124～127頁、辻昌文「判例紹介」研修775号119～124頁、松村香「実務刑事判例評釈」警察公論68巻11号89～95頁等がある。

2 定義（法第2条） 31

【重要判例4】法第2条第1項第1号の「見張り」・「押し掛け」の意義に関するもの[12]**（東京高判平24・1・18判例時報2199号142頁）**

(1) 事件の概要

　本件は、被告人が、平成22年12月から23年2月までの間、3回にわたり、深夜ないし夜間、約1分間から4分間程度、元交際相手の女性の居住する集合住宅の駐車場付近において同女が使用する自動車の存否を確認し、23年2月から3月までの間、3回にわたり、早朝ないし深夜、1分間以内から約9分間、同女の居住する集合住宅の玄関付近の通路において同玄関付近の様子をうかがうなどしたとして、法違反の事実で起訴された事案であり、①「見張り」の該当性、②「押し掛け」の該当性等が争われたものである。

(2) 判示内容

ア 「見張り」の該当性について（①）

　「本法は、個人の身体、自由及び名誉に対する危害の発生を防止し、あわせて国民の生活の安全と平穏に資することを目的とするものであり（1条）、そのために、本法所定のつきまとい等をして、その相手方に身体の安全、住居等の平穏若しくは名誉が害され、又は行動の自由が著しく害される不安を覚えさせることを禁止していること（3条）に照らすと、本法所定の『見張り』の意義についても、このような本法の目的や規制の趣旨に即して解釈されるべきである。」「一般に、『見張り』とは、主に視覚等の感覚器官によって対象の動静を観察する行為をいうということができ、したがって、本法所定の『見張り』にも、その性質上ある

---

12) 本裁判例の評釈を行ったものとしては、前田雅英「最新刑事判例研究」捜査研究761号23～33頁、髙井良浩「新判例解説」研修791号15～26頁、四條北斗「ストーカー規制法2条1項1号の『見張り』及び『押し掛ける』の意義」大阪経大論集66巻1号295～311頁、秋山紘範「刑事判例研究」法学新報121巻3＝4号313～325頁、清水晴生「ストーカー規制法の『見張り』と『押し掛ける』」白鷗大学論集29巻1＝2号51～62頁等がある。

程度の継続的性質が伴うというべきであ〔る〕」「しかしながら、この継続性は、一般的な『見張り』の概念に内在する性質であって、それに付加して必要とされる要件ではない。そして、観察にどの程度の時間を要するかは、観察する目的によって異なり、たとえば、相手方の使用する自動車の有無や被害者の居室の照明等により相手方が在宅しているかどうかを確認するような場合には、ごく短時間の観察で目的が達せられることも十分あり得るところであり、そのような行為を観察時間が短いことのみを理由に『見張り』に当たらないとして本法の規制の対象から除外すべき理由はない。また、相手方の動静を観察することは、必ずしも1回に相当程度の時間継続して観察しなくとも、ごく短時間の観察を繰り返すことによっても可能であるから、そのように繰り返して観察する場合には、たとえその一環として行われる個々の観察行為自体は短時間であっても、個々の観察行為それぞれが継続的性質を有する『見張り』に当たるということができる。」

イ 「押し掛け」の該当性について（②）

「本法の目的や規制の趣旨に照らすと、『押し掛け』とは、『住居等の平穏が害されるような態様で行われる訪問であって社会通念上容認されないもの』……をいい、より具体的には、相手方が拒絶し、又は拒絶することが予想されるのに、相手方の住居等に行く行為をいうものと解される」「『押し掛ける』行為を現に面会を求め、又は威力を用いてする場合に限定すべき理由はなく、……『押し掛ける』行為については、住居等に相手方が現に存在する必要があるとは解されないから、当該行為の時点で相手方がこれを知ることが含意されているとはいえず、所論は採用できない。」

2 定義（法第2条） 33

　なお、軽犯罪法第1条第28号において、「他人の進路に立ちふさがって、若しくはその身辺に群がって立ち退こうとせず、又は不安若しくは迷惑を覚えさせるような仕方で他人につきまとった者」が処罰の対象とされており、本号の規定と重なる部分もあるが、本法においては、同一の者に対して反復して行われる行為が処罰の対象となっている点で異なっている。

参　考　**法第2条第1項第1号の改正経緯**

〇　**法制定時**

　一　つきまとい、待ち伏せし、進路に立ちふさがり、住居、勤務先、学校その他その通常所在する場所（以下「住居等」という。）の付近において見張りをし、又は住居等に押し掛けること。

〇　**平成28年改正後**

　一　つきまとい、待ち伏せし、進路に立ちふさがり、住居、勤務先、学校その他その通常所在する場所（以下「住居等」という。）の付近において見張りをし、住居等に押し掛け、又は住居等の付近をみだりにうろつくこと。

34 第2 逐条解説

2－1－2　第2類型（第1項第2号）

（定義）

第2条　（略）

　二　その行動を監視していると思わせるような事項を告げ、又はその
　　　知り得る状態に置くこと。

趣　旨

　第2の類型は、相手方にその行動を監視していると思わせるような事項を
告げるなどすることである。

解　説

　「その行動」と規定されていることから、告げるなどする相手方、すなわ
ち、好意の感情等を向けている特定の者に対して告げるなどする場合は当該
特定の者の、社会生活において密接な関係を有する者に対して告げるなどす
る場合はその者の行動に関する事項となる。

　「監視していると思わせるような事項」については、行為の相手方の行動
を監視していると思わせるような程度に至るものであれば足り、相手方の行
動を監視していなければ知り得ない事項である必要はないと考えられる。つ
まり、本号に該当する場合の具体例としては、相手方に対して「○月○日は、
Aさんと銀座の『○○○』で食事をしていましたね。」と告げたり、帰宅し
た直後に「おかえりなさい。」と電話したりすることはもとより、「俺はお前
をいつも監視しているぞ。」などと告げる行為も該当することとなる。

　「告げる」とは、対象者に直接その行動を監視していると思わせるような
事項を伝達することである。その方法について限定はなく、口頭、文書によ
る伝達のほか、電子メールを送信する方法も含まれると考えられる。

　「知り得る状態に置く」とは、直接相手方に伝達するものではないものの、
その内容を日常生活において了知し得る範囲内に到達させることであり、例
えば、公共の自転車置き場に置かれている相手方の自転車にメモを置いてお

2 定義（法第2条） 35

くこと、相手方がよくアクセスしているインターネット上の電子掲示板に上記事項の書き込みを行うことなどが該当することとなると考えられる。

36　第2　逐条解説

2－1－3　第3類型（第1項第3号）

（定義）
第2条　（略）
　三　面会、交際その他の義務のないことを行うことを要求すること。

趣　旨

　第3の類型は、相手方に義務のないことを行うことを要求することである。

　刑法の脅迫罪（第222条）、強要罪（第223条第1項）と異なり、生命、身体、自由、名誉又は財産に対し害を加える旨を告知したり、暴行を用いたりして要求することは必要とされていない。

解　説

　「義務のないこと」とは、およそ問題となっているような要求をすることが第三者からみて不当であると評価できるものと考えられるが、真に「義務のないこと」といえるかどうかについては、慎重に検討する必要がある。

　「要求」の手段については限定がなく、口頭か文書か、対面か電話か、電子メールか手紙等によるかを問わない。

　また、何らかの要求をすることについて行為者が正当な権利を有しているといえる場合であっても、当該権利の濫用に当たるような場合には本号に該当することとなると考えられる。

　具体例としては、例示の面会、交際の要求のほかに、贈り物を受け取るよう要求することや、子供を産むことを要求することなどがこれに当たると考えられる。

2－1－4　第4類型（第1項第4号）

（定義）

第2条　（略）

四　著しく粗野又は乱暴な言動をすること。

趣　旨

第4の類型は、著しく粗野又は乱暴な言動をすることである。

解　説

「著しく粗野な言動」とは、場所柄をわきまえない、それ相当の礼儀を守らないぶしつけな言動のうち、その程度の高いものをいい、「乱暴な言動」とは、不当に荒々しい言語動作であって、刑法にいう暴行や脅迫に至らないものを含むと考えられる[13]。

また、「著しく粗野又は乱暴な言動」の手段については限定がなく、口頭か文書か、対面か電話か電子メールか手紙等によるかを問わない。

なお、軽犯罪法第1条第5号においても、一定の「著しく粗野又は乱暴な言動」が処罰の対象とされているが、これについては、公共の娯楽場の入場者に対して、又は公共の乗り物の中で乗客に対して、すなわち、それらの場にいる者全般に対して行われる行為が処罰の対象となっている。これに対し、法では、特定の個人に対して行われる行為が規制されている。

---

13)　伊藤榮樹原著（勝丸充啓改訂）『軽犯罪法［新装第2版］』81～83頁「4　禁止される行為」参照。

38 第2 逐条解説

2-1-5 第5類型（第1項第5号、第2項）

（定義）

第2条 （略）

　五　電話をかけて何も告げず、又は拒まれたにもかかわらず、連続して、電話をかけ、文書を送付し、ファクシミリ装置を用いて送信し、若しくは電子メールの送信等をすること。

　六～八　（略）

2　前項第5号の「電子メールの送信等」とは、次の各号のいずれかに掲げる行為（電話をかけること及びファクシミリ装置を用いて送信することを除く。）をいう。

　一　電子メールその他のその受信をする者を特定して情報を伝達するために用いられる電気通信（電気通信事業法（昭和59年法律第86号）第2条第1号に規定する電気通信をいう。次号において同じ。）の送信を行うこと。

　二　前号に掲げるもののほか、特定の個人がその入力する情報を電気通信を利用して第三者に閲覧させることに付随して、その第三者が当該個人に対し情報を伝達することができる機能が提供されるものの当該機能を利用する行為をすること。

趣　旨

　第5の類型は、無言電話、又は拒否された後の架電、文書の送付、ファクシミリ送信、電子メールの送信等であり、平成25年改正、28年改正及び令和3年改正を経て、現在の規定に至っている。

　法制定当時、電子メールの送信等については、第5号の規制対象行為に含まれていなかったが、平成24年11月、神奈川県逗子市において、行為者が被害者に対して当時規制の対象とされていなかった電子メールの送信をした後に当該被害者を殺害する事案が発生するなど、ストーカー事案の実態として、電子メールの連続送信が行われ、行為の相手方に身体の安全や生活の平穏を

害される不安を覚えさせている状況があったことを踏まえ、平成25年改正法により、拒まれたにもかかわらず、連続して電子メールの送信を行うことが規制対象行為に追加された。

　また、総務省が平成26年度に行った調査研究においては、「SNSのうち、最近約1年以内に利用したことのあるサービスを全て答えてください」とのウェブアンケートに対して、回答者の約38％がLINEを、約35％がFacebookを、約31％がTwitter[14]をそれぞれ利用している旨回答したとの結果が示されており、国民にとって身近な情報通信手段として、SNSが普及している状況がみられた[15]。さらに、平成25年検討会における検討の際に警察庁が調査したところによると、平成25年4月から6月までの3か月間で認知したインターネット利用のつきまとい等に係る事案のうち、約2割がLINE、Facebook、Twitter等のSNSを利用したものであった。平成26年報告書においても、「電子メールと同様、SNSによるメッセージの連続送信については、つきまとい等として規制することとし、ストーカー規制法第2条第1項第5号の電子メールと同様に位置付けるべきである」「SNSに限らず、科学技術の発達や新たな電気通信手段の登場といった将来を見据えて、意思の伝達表示手段を包括的に規制する方向で検討すべきである」「ホームページや電子掲示板への書き込み等も、例えば相手方が開設するホームページへの書き込み等、当該行為が相手方に対する直接的な行為と評価できる場合には規制対象とするべきである」との提言がなされた[16]。

　これらも踏まえ、平成28年改正法により、「電子メールの送信」を「電子メールの送信等」と改めるとともに、新たに第2項として「電子メールの送信等」についての定義規定を設け、拒まれたにもかかわらず、連続して

　　○　SNSによるメッセージの送信等を行うこと

---

14)　現X。

15)　総務省情報通信国際戦略局情報通信政策課情報通信経済室「社会課題解決のための新たなICTサービス・技術への人々の意識に関する調査研究　報告書」（平成27年3月）32頁。

16)　平成26年報告書3頁。

40 第2 逐条解説

○ ブログ等の個人のページにコメント等を送ること
が第5号の規制対象行為として追加された。

さらに、法制定以来、手紙等の文書を送り付ける等する行為は規制の対象
となっておらず、送付される文書の内容に、面会や交際を要求したり、名誉
を害したり性的羞恥心を害する事項が含まれていれば「つきまとい等」と評
価できるものの、そのような内容以外のものであれば「つきまとい等」とし
て警告や禁止命令等の対象とはできなかった。しかしながら、相手方に拒ま
れているにもかかわらず、一方的に好意の感情を伝える内容を記載した文書
を連続して送ってきた事案や、集合住宅の隣人である相手方の郵便受けに、
自己の近況報告や相手方の個人情報に関する内容を記載した文書を連続して
投函したような事案[17]も現にみられ、中には、電子メール等による連絡を拒
絶されたので代替手段として文書を送付する事案も認められたため[18]、令和
3年報告書において「拒まれたにもかかわらず、文書を連続して送付する行
為をストーカー規制法上の『つきまとい等』として規制することが適当であ
る。」とされた[19]。

そこで、拒まれているにもかかわらず文書を連続して送付する行為につい
て、住居に押し掛けられたり危害を加えられたりするかもしれないという不
安を相手方に覚えさせるものであることから、令和3年改正法により、電話
やファクシミリ送信と同様に、第5号の規制対象行為として追加された[20]。

---

17)　令和2年検討会第2回（同年11月27日）配布資料3。
18)　「相手方からの電話、ファクス、電子メール等による連絡を拒絶されたため、代替
　　手段として文書を送付する事案も認められるところでございます。」（令和3年4月8
　　日参議院内閣委員会小田部耕治警察庁生活安全局長答弁）
19)　令和3年報告書15頁。
20)　「文書の送付については、行為者に住居等を知られていることから、住居に押しか
　　けられたり危害を加えられたりする不安を相手方に覚えさせるおそれがあるととも
　　に、当該行為がエスカレートして相手方の身体に対する危害を加えるおそれも考えら
　　れるところでございます。そこで、今回の改正におきまして、拒まれたにもかかわら
　　ず連続して文書を送付する行為を新たにストーカー規制法の規制対象とするものでご
　　ざいます。」（令和3年4月8日参議院内閣委員会小田部耕治警察庁生活安全局長答
　　弁）

解　説

ア　無言電話

「電話をかけて何も告げず」とは、行為の相手方に電話をかけ、その相手方が電話に出たにもかかわらず、何も言わないことであり、「電話をかけても何も言わないで沈黙を保つ」という行為のほか、「電話をかけて何も言わないで切る」という行為も含むものと考えられる。この点、一旦は「電話がつながる」という状態が生じることが必要であると考えられる。

イ　拒否された後の連続的な架電、文書送付、ファクシミリ送信、電子メール送信等

後段の連続した架電等については、「拒まれたにもかかわらず」とあることから、行為者が、電話をかけること、文書を送付すること、ファクシミリ送信すること又は電子メールを送信等することを相手方から拒否されていることを認識していることが必要となると考えられる。拒んでいる旨を行為者に認識させる手段に特に限定はなく、相手方から行為者に対して直接拒絶している旨を告げるだけでなく、電話の着信拒否設定、電子メールの迷惑メール設定をする等、何らかの手段で行為者にその旨を認識させれば足り、また、警察官や第三者を介して拒んでいることを認識させることでもよいと考えられる[21]。

---

21)　「『拒まれたにもかかわらず、』につきましては、行為者が電話またはファクスをすることを相手方から拒否されているということを認識していることが必要というふうにされております。」「拒まれたということを立証する場合でありますけれども、具体的な方法として、現実に多く行われております、それは電話なりファクシミリという現状でございますけれども、事実上の警告を行うときに、警察官から行為者に対しまして被害者が拒んでいる旨を伝えるということで認識をさせるというようなことがよく行われているところでございます。……被害者の方の方で、着信拒否にしておくとか、あるいは留守番電話の設定にするということで、拒まれているという意思が伝わるような措置をとっていただいていれば、それで立証できるということもございますし、さらには、上司あるいは親等、第三者に入ってもらって拒否の意思を伝えてもらう、こういうような方法があり得るというふうに考えております。」(平成25年6月25日衆議院内閣委員会岩瀬充明警察庁生活安全局長答弁)

42 第2 逐条解説

　なお、拒絶の意思はそれぞれの手段ごとに示す必要はなく、連絡をとることを拒んでいることを認識させていれば、本号のどの手段を用いても本号に該当することとなると考えられる[22]。

　「連続して」とは、短時間や短期間の間に何度も繰り返して行うことをいうが、具体的には個々の事案により判断されることとなろう[23]。

　なお、電話、文書、ファクシミリ、電子メール等の内容は、どのようなものでもよい。また、電話、文書、ファクシミリ又は電子メール等のいずれかのみを連続して送信等を行う場合に限られるものではなく、これらのものの複数を連続して送信等を行う場合でも、つきまとい等に該当すると考えられる。

　また、「電話をかけ」については、電話がつながる必要はなく、着信拒否設定がなされていて着信音が鳴らないような場合であっても、着信履歴から連続して電話があったことが認識しうるのであれば、「電話をかけ」に該当するものと考えられる（重要判例5参照）。

【重要判例5】法第2条第1項第5号の「電話をかけ」の意義に関するもの（東京高判平15・3・5判例時報1860号154頁）

1　事件の概要

　本件は、被告人が、かつての交際相手の男性に対し、拒まれたにもかかわらず、連続して、着信拒否設定がなされている同人所有の携帯電話に電話をかけたほか、同人の経営する会社事務所に押し掛けたとして、法違反の事実で起訴された事案である。

---

22)　「例えば相手方が行為者からのメールを受信拒否した場合において、その他の手段による連絡を含め一切の連絡を拒む趣旨で拒絶し、行為者においてもこれを認識している状況が認められるときは、改めて相手方から行為者に対して別途文書の送付に関する拒絶の意思を伝える必要はないものと解されるところでございます。」（令和3年4月8日参議院内閣委員会小田部耕治警察庁生活安全局長答弁）

23)　「『連続して、』につきましては、一般的には、行為者が短時間の間に何度も電話をかける、またはファクシミリを送信するということをいうものでありますが、1日に一度電話をする行為等を何日も繰り返すということも含まれる、このようにされているところでございます。」（平成25年6月25日衆議院内閣委員会岩瀬充明警察庁生活安全局長答弁）

2　判示内容

「法2条1項5号は『電話をかけ』と規定していて、通話可能状態となることまでを要件とはしていないこと、同項2号、6号ないし8号の『つきまとい等』については、被害者が『知り得る状態に置くこと』をもって足りると規定されていること、着信拒否をしているにもかかわらず、被害者は着信履歴を見て、犯人が執拗に電話をかけてくることを知り得るのであって、そのことにより被害者が不安感を抱くおそれは十分保護に値すると思われること、さらに、ストーカー行為を規制することにより、個人の身体、自由及び名誉に対する危害の発生を防止し、国民の生活の安全と平穏に資することを目的とする法の趣旨を考慮すると、本件のように着信拒否の設定がなされていた場合であっても、被害者が着信履歴を確認して犯人から電話があったことを認識し得る以上、犯人が電話をした行為は、法2条1項5号の『電話をかけ』に該当するものと解するのが相当である。これに対し、所論は、被告人が電話をしても、被害者は着信音もバイブレーターによる振動も感じたことはなく、被害者の平穏な生活は一切侵害されておらず、法益の侵害がないと主張するが、被害者が被告人からの電話があったことを知り得る以上、被害者が着信音を聞いていたか、バイブレーターを設置していたがたまたま気付かなかったか、着信拒否にしていたか、たまたま携帯電話を所持していなかったかなどの偶発的事情で犯罪の成否が左右されるのは不合理である上、前記のとおり、被害者が不安感を抱くおそれは十分保護に値するものであって、法益侵害が認められることに照らすと、所論は失当である。以上のとおり、原判決に所論のような法令適用の誤りはなく、論旨は理由がない。」

44　第2　逐条解説

　「文書」とは、文字や記号で人の思想を表したものであり、手紙や封書、はがきが典型的なものとして考えられるが、相手方の氏名のみ記載された中身の入っていない封筒や相手方にのみ意味が伝わる記号が記載された紙片等も該当すると解される。なお、白紙については文書に該当しないと考えられる[24]。

　「送付」とは、ある場所ないし人から他の場所ないし人に書類その他の物を送り届けることをいう。郵便や信書便を利用して相手方の住居等に送り届ける行為が該当するほか、行為者が相手方の住居等に直接赴き、その郵便受け等に直接投函する行為や、相手方の住居の玄関ドアに直接挟む行為等も該当すると解される[25]。

ウ　電子メールの送信等

　「電子メールの送信等」については、第2項に定義規定が設けられている。

　「電子メール」とは、特定電子メールの送信の適正化等に関する法律（平成14年法律第26号）第2条第1号の「電子メール」と同義である。具体的には、特定の者に対し通信文その他の情報をその使用する通信端末機器（入出力装置を含む。）の映像面に表示されるようにすることにより伝達するための電気通信であって、①その全部若しくは一部においてSMTP（Simple Mail Transfer Protocol）が用いられる通信方式を用いるもの、又は②携帯して使用する通信端末機器に、電話番号を送受信のために用いて通信文その他の情報を伝達する通信方式を用いるものをいう。したがって、ここでいう「電子メール」にはパソコン・携帯電話端末によるEメールに加え、いわゆるウェ

---

24)　「今回の改正案第2条第1項第5号に規定されている文書とは、文字や記号で人の思想を表したものでございまして、例えば送付する相手方や送付した行為者の氏名のみが記載された場合も文書に含まれ得ると解されますけれども、白紙につきましては文書に当たらないと考えているところでございます。」（令和3年4月8日参議院内閣委員会小田部耕治警察庁生活安全局長答弁）

25)　行為者が相手方の住居等に赴き、その郵便受けに直接文書を投函する行為等については、第1号の押し掛けや住居侵入等（刑法第130条）にも該当する場合があると考えられる。

ブメールサービスを利用したものが含まれるほか、携帯電話等によるいわゆる SMS（Short Message Service）も含まれるものと考えられる。他方、いわゆる SNS におけるメッセージ機能等のうち上記①又は②に該当しないものは、たとえ特定の者に対する通信であったとしてもここでいう「電子メール」には含まれないものと考えられる。

　第2項第1号の「その受信をする者を特定して情報を伝達するために用いられる電気通信（電気通信事業法（昭和59年法律第86号）第2条第1号に規定する電気通信をいう。……）の送信を行うこと」とは、「電気通信事業法（昭和59年法律第86号）第2条第1号に規定する電気通信」が「有線、無線その他の電磁的方式により、符号、音響又は影像を送り、伝え、又は受けること」と定義されているため、受信する者を特定してインターネットやいわゆる「クローズドネットワーク」等による情報の送信を行うことが広くこれに当たると解され、例えば、SNS を用いたメッセージの送信、会社内ネットワークを用いたメッセージの送信等がこれに当たると考えられる。

　第2項第2号の「特定の個人がその入力する情報を電気通信を利用して第三者に閲覧させることに付随して、その第三者が当該個人に対し情報を伝達することができる機能が提供されるものの当該機能を利用する行為」とは、

　○　ある者が、特定の個人に対し情報を伝達することができる機能を利用して、情報を送信すること

　○　当該機能は、当該個人がその入力する情報を電気通信を利用して第三者に閲覧させることに付随して備えられたものであること

の要件を満たす行為がこれに当たり、例えば、被害者が開設したブログや被害者の SNS の個人情報発信ページ等において提供されるコメント機能等を利用する行為がこれに当たると考えられる。

　「電子メールの送信等」をすることについては、受信拒否や着信音等の鳴動停止、コメント着信通知機能の停止等をしているなどのために、個々の電子メールの着信等の時点でそのことを受信者が認識し得ない状態であっても、受信履歴等から電子メールが送信等されたことを認識し得るのであれば、これに該当するものと考えられる。

46　第2　逐条解説

> **参　考**　法第 2 条第 1 項第 5 号の改正経緯

○　**法制定時**

　五　電話をかけて何も告げず、又は拒まれたにもかかわらず、連続し
　　て、電話をかけ若しくはファクシミリ装置を用いて送信すること。

○　**平成25年改正後**

　五　電話をかけて何も告げず、又は拒まれたにもかかわらず、連続し
　　て、電話をかけ、ファクシミリ装置を用いて送信し、若しくは電子
　　メールを送信すること。

○　**平成28年改正後**

　五　電話をかけて何も告げず、又は拒まれたにもかかわらず、連続し
　　て、電話をかけ、ファクシミリ装置を用いて送信し、若しくは電子
　　メールの送信等をすること。

　六～八　（略）

2　前項第5号の「電子メールの送信等」とは、次の各号のいずれかに
　掲げる行為（電話をかけること及びファクシミリ装置を用いて送信す
　ることを除く。）をいう。

　一　電子メールその他のその受信をする者を特定して情報を伝達する
　　ために用いられる電気通信（電気通信事業法（昭和59年法律第86号）
　　第2条第1号に規定する電気通信をいう。次号において同じ。）の
　　送信を行うこと。

　二　前号に掲げるもののほか、特定の個人がその入力する情報を電気
　　通信を利用して第三者に閲覧させることに付随して、その第三者が
　　当該個人に対し情報を伝達することができる機能が提供されるもの
　　の当該機能を利用する行為をすること。

2－1－6　第6類型（第1項第6号）

（定義）

第2条　（略）

　六　汚物、動物の死体その他の著しく不快又は嫌悪の情を催させるような物を送付し、又はその知り得る状態に置くこと。

趣　旨

　第6の類型は、著しく不快又は嫌悪の情を催させるような物を送付等する行為である。

解　説

　「著しく不快又は嫌悪の情を催させるような物」とは、ひどく快くないと感じさせ、又は不愉快に感じさせるような物であるが、社会通念上、客観的にそのように評価できる物であることが必要となると考えられる。本号に該当する具体例としては、

　　○　食べかけの食料品、たばこの吸い殻、糞尿等を被害者宅周辺に散布すること

　　○　藁人形、虫や蛇の玩具を被害者宅に郵送すること

等が考えられる。

　また、ここでいう「物」には、文書、図画、電磁的記録（電子的方式、磁気的方式その他人の知覚によっては認識することができない方式で作られる記録であって、電子計算機による情報処理の用に供されるものをいう。以下同じ。第2条第1項第8号参照）その他の記録に係る記録媒体等も含まれると考えられる。

　「知り得る状態に置く」とは、直接相手方に送付等するものではないものの、日常生活において相手方の目に触れるであろう状態に置くことであり、例えば、公共の自転車置き場に置かれている相手方の自転車のカゴに汚物を置いておくことなどが該当することとなると考えられる。

48 第2 逐条解説

2－1－7 第7類型（第1項第7号）

（定義）
第2条 （略）
　七　その名誉を害する事項を告げ、又はその知り得る状態に置くこと。

趣 旨
　第7の類型は、相手方の名誉を害する事項を告げるなどすることである。

解 説
　「名誉を害する事項」であるから、相手方の社会的評価を害し、名誉感情を害する事柄を告げる等すれば足り、事実を摘示することまでは要しないと考えられる。
　また、名誉毀損罪（刑法第230条第1項）、侮辱罪（刑法第231条）と異なり、公然と行われることを規制の対象としておらず、対象者のみに認識されれば足りるものである。また、告げるなどすれば足りることから、実際に行為の相手方の社会的評価等が害されるかどうかは問題とならない。
　「告げる」とは、対象者に直接その名誉を害する事項を伝達することである。その方法について限定はなく、口頭、文書による伝達のほか、電子メールを送信する方法等も含まれると考えられる。
　「知り得る状態に置く」とは、直接相手方に伝達するものではないものの、その内容が日常生活において相手方に伝わるであろう状態に置くことであり、例えば、公共の自転車置き場に置かれている相手方の自転車にメモを貼り付けておくこと、相手方がよくアクセスしているインターネット上の電子掲示板に上記事項の書き込みを行うことなどが該当することとなると考えられる。

2－1－8　第8類型（第1項第8号）

（定義）

第2条　（略）

八　その性的羞恥心を害する事項を告げ若しくはその知り得る状態に
置き、その性的羞恥心を害する文書、図画、電磁的記録（電子的方
式、磁気的方式その他人の知覚によっては認識することができない
方式で作られる記録であって、電子計算機による情報処理の用に供
されるものをいう。以下この号において同じ。）に係る記録媒体そ
の他の物を送付し若しくはその知り得る状態に置き、又はその性的
羞恥心を害する電磁的記録その他の記録を送信し若しくはその知り
得る状態に置くこと。

趣　旨

　第8の類型は、相手方の性的羞恥心を害する事項を告げたり、その知り得
る状態に置くこと等を対象とするものであり、平成28年改正を経て、現在の
規定に至っている。

　法制定時には、

○　その性的羞恥心を害する事項を告げ若しくはその知り得る状態に置く
こと

○　その性的羞恥心を害する文書、図画その他の物を送付し若しくはその
知り得る状態に置くこと

のみが規定されていたが、

○　被害者の性的羞恥心を害する電磁的記録に係る記録媒体を送付し、又
はその知り得る状態に置く行為

○　被害者の性的羞恥心を害する電磁的記録その他の記録を送信し、又は
その知り得る状態に置く行為

についても、「その他の物を送付し若しくはその知り得る状態に置くこと」
に該当し、規制対象行為に含まれるものと解釈されていた。

しかしながら、近年、情報通信技術の進展、画像撮影機能を具備した通信端末機器の普及等によって、こうした電磁的な方法を用いて行われるストーカー事案が多く発生している実態に鑑み、平成28年改正法により、これらの行為も規制対象行為に含まれることが、規定の文言上も明確にされた。

解　説

「性的羞恥心を害する」とは、望んでもいないのに性的に恥ずかしいと思う気持ちを起こさせて精神の平穏を害することをいうものと考えられ、「わいせつ」にまで至らない事項の告知も含まれると考えられる。「その性的羞恥心」と規定されていることから、行為の相手方の性的羞恥心を害するものであれば足りる。この点、実際に、相手方の性的羞恥心が害されるかどうかは問題とされないものと考えられる。

「性的羞恥心を害する電磁的記録に係る記録媒体を送付する行為」とは、相手方が望んでもいないのに性的に恥ずかしいと思う気持ちを起こさせて精神の平穏を害する電磁的記録が保存された記録媒体を送付する行為をいい、例えば、相手方の裸体を撮影した画像記録が保存されたCD-R、行為者と相手方との性的行為を撮影した動画記録が保存されたUSBメモリ等を相手方に送付する行為がこれに当たると考えられる。

「その他の物」とは、例えばアナログ方式のビデオテープがこれに当たると考えられる。

また、「その性的羞恥心を害する電磁的記録その他の記録を送信し若しくはその知り得る状態に置くこと」とは、相手方が望んでもいないのに性的に恥ずかしいと思う気持ちを起こさせて精神の平穏を害する電磁的記録その他の記録を送信したり、その知り得る状態に置く行為をいい、例えば、相手方の性的羞恥心を害する画像に係る電磁的記録を電子メールに添付して送信したり、インターネット上に掲載するような行為がこれに当たると考えられる。

わいせつ物頒布等罪（刑法第175条）とは異なり、頒布することや公然と行うことは必要とされておらず、特定の者に対して行われることが規制の対象となる。

参　考　法第 2 条第 1 項第 8 号の改正経緯

○　**法制定時**

　八　その性的羞恥心を害する事項を告げ若しくはその知り得る状態に
　　置き、又はその性的羞恥心を害する文書、図画その他の物を送付し
　　若しくはその知り得る状態に置くこと。

52　第2　逐条解説

2－2　「位置情報無承諾取得等」の定義（法第2条第3項柱書）

（定義）

第2条　（略）

2　（略）

3　この法律において「位置情報無承諾取得等」とは、特定の者に対する恋愛感情その他の好意の感情又はそれが満たされなかったことに対する怨恨の感情を充足する目的で、当該特定の者又はその配偶者、直系若しくは同居の親族その他当該特定の者と社会生活において密接な関係を有する者に対し、次の各号のいずれかに掲げる行為をすることをいう。

趣　旨

　法第2条第3項は、「位置情報無承諾取得等」について定義したものであり、令和3年改正により新たに規定された。

　カーナビゲーションシステムやスマートフォン等においてその所在位置を割り出すためにGPS（Global Positioning System〔全地球測位システム〕）が活用されるとともに、GPSを活用した位置情報を把握するための機器も市販等されるようになっていたところ、こうしたGPS機器を悪用し、相手方の動静や所在場所を把握して押し掛け等を行うストーカー事案も発生するようになっていた。具体的には、相手方の使用する自動車にひそかにGPS機器を取り付けて位置情報を取得し、その位置情報により把握した相手方の転居先に押し掛けたり、相手方の使用するスマートフォンに位置情報等を取得することができるアプリケーションを無断でインストールして位置情報等を取得し、その動静を監視するなどした事例が発生していた[26]。相手方の位置情報を取得する行為は、広い意味で「見張り」と同様の行為とみなすこともできるが、法の「つきまとい等」として規制の対象となるのは住居等の「付近」

---

26)　令和2年検討会第2回（同年11月27日）配布資料2。

における「見張り」であり、どこにおいても可能なGPS機器等を利用した位置情報の取得は必ずしも「つきまとい等」に該当するものではない[27]。

　しかしながら、GPS機器等を用いた位置情報の取得行為は、行為者がどこにいるかを問わず行われ得るものである上、現在だけでなく過去の時点も含めて相手方の所在に関する情報を極めて容易に、かつ、詳細・確実に把握することを可能とするものである。さらには、取得した位置情報を基に、相手方に居場所を告げてその行動を監視していると思わせたり、相手方の所在する場所に押し掛けて暴行、脅迫等の何らかの行為を行うことを可能とするものである。令和3年報告書においても、「GPS機器等を用いた位置情報の取得行為については、相手方に大きな不安をもたらし、更なるつきまとい等や犯罪に発展するおそれがあることから、ストーカー規制法を改正し、規制対象とすることが適当である。」とされ、さらに、GPS機器等を取り付ける行為についても、「それ自体が、相手方の位置情報の取得につながり、相手方に不安を覚えさせる行為であることから、位置情報の取得行為とは別に、取付け行為についても規制の対象とすることが適当である。」とされた[28]。

　そこで、GPS機器等により相手方の位置情報を取得する行為、GPS機器等を取り付ける行為は、その身体、自由及び名誉に対する危害が加えられるおそれや、凶悪・重大犯罪への発展のおそれがあるものであり、また、当該行為が行われていることが発覚した場合、その身体の安全や住居等の平穏、名誉が害され、又は行動の自由が著しく害されるという不安を覚えることとなるものであり、法で規制する「つきまとい等」と同様の行為と評価できることから、令和3年改正法により、

　○　相手方の所持する位置情報記録・送信装置（行為者が相手方の所持する物に取り付けた位置情報記録・送信装置を含む。）の位置に係る位置情報を取得する行為

---

27)　警察では、GPS機器等を用いた位置情報の取得行為について、「見張り」に該当するものとして、法に基づく措置を講ずるなどして対応していたが、前掲最判令2・7・30で「住居等の付近において見張り」をする行為には該当しないとされた（前記第1、4参照）。
28)　令和3年報告書6頁、11頁。

54　第2　逐条解説

○　相手方の所持する物に位置情報記録・送信装置を取り付ける等する行
　　為

が「位置情報無承諾取得等」として新たに規制の対象とされた。

　位置情報記録・送信装置の範囲、位置情報を取得する方法等については政
令で定めることとされているが、これは、今後の技術の進展により現在主流
のGPS以外のシステム、機器等を利用したものや、新たな取得方法等が開
発されることも想定されるため、実態に応じた機動的な規制を行うことがで
きるようにしたものである[29]。

　また、「位置情報無承諾取得等」は、項を別にして新たに独立した定義規
定が置かれたものの、従来の「つきまとい等」と同様の規制がなされている。
これは、「位置情報無承諾取得等」は、通常ひそかに行われるものであり、
それだけでは相手側が認識しない、又は認識する可能性が極めて低いため、
発覚しない限り相手方が不安を覚えることがないという点で、相手方に行為
自体を認識させる意図をもって行われると想定される「つきまとい等」とは
やや異なる面があり、一般に「つきまとい等」の用語からGPS機器等を利
用して位置情報を取得する行為が想定され難いと考えられたことに加え、別
個の定義規定を設けた方が規制の対象に追加されたことが明確となり、抑止
効果も期待できると考えられたからである[30]。なお、「つきまとい等」につ
いても、「その知り得る状態に置くこと」（法第2条第1項第2号、第6～8号）、

---

29)　「改正法で規制対象となります位置情報記録・送信装置等や位置情報の取得方法に
　　つきましては、今後の技術の進展や、それに伴う手口の変化等を踏まえ、機動的に規
　　制措置を講ずる必要があると考えられることから、相手方の承諾なく、相手方が所持
　　する位置情報記録・送信装置の位置に係る位置情報を取得する行為を規制するという
　　根幹の部分は法律で規定した上で、具体的な位置情報記録・送信装置等や位置情報の
　　取得方法について政令で定めることとしているものでございます。」（令和3年5月12
　　日衆議院内閣委員会小田部耕治警察庁生活安全局長答弁）
30)　「位置情報無承諾取得等は、通常ひそかに行われるものであり、発見しない限り相
　　手方が不安を覚え得ないという点で現行の付きまとい等とは異なっており、また、一
　　般に付きまとい等の用語から位置情報無承諾取得等が想起され難いと考えられ、別個
　　の定義を設けた方が位置情報無承諾取得等を新たに規制の対象としたことが明確とな
　　り、抑止効果も期待できると、こう考えられました。」（令和3年4月8日参議院内閣
　　委員会小此木八郎国家公安委員会委員長答弁）

つまり事後的に認識して不安を覚えさせる場合も規制の対象としており、「つきまとい等」と同様の規制の対象とすることは特に問題はないと考えられる[31]。

解 説

「位置情報無承諾取得等」は、「つきまとい等」と同様に、「特定の者に対する恋愛感情その他の好意の感情又はそれが満たされなかったことに対する怨恨の感情を充足する目的」で行われたものに限定されている。また、行為の対象は「特定の者又はその配偶者、直系若しくは同居の親族その他当該特定の者と社会生活において密接な関係を有する者」とされている（それぞれの解説については、前記2－1を参照）。

---

31) 渡邉一郎「ストーカー行為等の規制等に関する法律の一部改正について──いわゆる位置情報無承諾取得等の規制」警察学論集75巻1号15頁参照。

56　第2　逐条解説

2－2－1　位置情報の取得（第3項第1号）

（定義）

第2条　（略）

2　（略）

3　（柱書略）

　一　その承諾を得ないで、その所持する位置情報記録・送信装置（当
　　　該装置の位置に係る位置情報（地理空間情報活用推進基本法（平成
　　　19年法律第63号）第2条第1項第1号に規定する位置情報をいう。
　　　以下この号において同じ。）を記録し、又は送信する機能を有する
　　　装置で政令で定めるものをいう。以下この号及び次号において同
　　　じ。）（同号に規定する行為がされた位置情報記録・送信装置を含
　　　む。）により記録され、又は送信される当該位置情報記録・送信装
　　　置の位置に係る位置情報を政令で定める方法により取得すること。

【施行令】

（位置情報記録・送信装置の範囲）

第1条　ストーカー行為等の規制等に関する法律（以下「法」という。）
　　　第2条第3項第1号の政令で定める装置は、地理空間情報活用推進基
　　　本法（平成19年法律第63号）第2条第4項に規定する衛星測位の技術
　　　を用いて得られる当該装置の位置に係る位置情報を電磁的記録（電子
　　　的方式、磁気的方式その他人の知覚によっては認識することができな
　　　い方式で作られる記録であって、電子計算機による情報処理の用に供
　　　されるものをいう。次条において同じ。）として記録し、又はこれを
　　　送信する機能を有する装置をいう。

（位置情報の取得方法）

第2条　法第2条第3項第1号の政令で定める方法は、次に掲げる方法
　　　とする。

> 一　位置情報記録・送信装置の映像面上において、電磁的記録として記録された位置情報を視覚により認識することができる状態にして閲覧する方法
> 二　位置情報記録・送信装置により記録された電磁的記録に係る記録媒体を取得する方法（当該電磁的記録を他の記録媒体に複写する方法を含む。）
> 三　位置情報記録・送信装置により送信された電磁的記録を受信する方法（当該方法により取得された位置情報を他人の求めに応じて提供する役務を提供する者から当該役務を利用して当該位置情報の提供を受ける方法を含む。）

趣　旨

　法第2条第3項第1号で規定される行為は、相手方の承諾を得ないで行われる次の2つの類型である。

①　相手方の所持する位置情報記録・送信装置の位置に係る位置情報を取得する行為

②　行為者が相手方の所持する物に取り付けた位置情報記録・送信装置の位置に係る位置情報を取得する行為

　これらの行為は、位置情報記録・送信装置が相手方と共に移動する可能性が高いため、相手方の所在に関する情報を極めて容易に、かつ、詳細・確実に把握することを可能とする行為であり、それにより凶悪犯罪に発展するおそれや自らの位置情報が詳細に把握されていることによる不安を相手方に覚えさせるおそれがある行為である。さらに、日常生活において一般に行われ得る行為ではなく、正当性に欠ける悪質性の高い行為であることから、これらの行為を規制することとしたものである。

58　第2　逐条解説

解　説

ア　位置情報の取得

　「その承諾を得ないで」としたのは、例えば、交際関係にある者同士が相互に合意の上でお互いの位置情報を共有する場合は規制する必要がないことから、相手方の承諾を得ずに行われる行為のみを規制の対象としたものである。

　また、双方の合意があって位置情報の共有を始めたとしても、その後、関係が悪化するなどして位置情報の共有を望まなくなり、今後は位置情報の共有について承諾できない旨を行為者に伝えたような場合には、以後は承諾を得ない場合に該当することとなると考えられる[32]。いずれにせよ、相手方の「承諾を得ないで」行われたものかどうかは、個別の事案に即して判断されることとなる。

　「所持」とは、ある人が物を事実上支配していると認められる状態にあることをいい、現実にその物を手に持っていたり身に着けていたりする必要はなく、家庭内に保管し、又は第三者をして保管させていても、その物が事実上その人の支配下にあれば「所持」しているものとされている。

　したがって、例えば、相手方が現に携帯又は着用している鞄、衣服等だけでなく、駐車場に保管している自動車も、その物が事実上相手方の支配下にある以上、「所持する」物に該当することとなる。

---

32)　「例えば、交際関係にある者が相互に合意の上でお互いのスマートフォンの位置情報を共有する場合のように、お互いに合意の上で相手方のGPS機器等の位置情報を取得し、あるいは相手方の物にGPS機器等を取り付ける場合につきましては規制の対象とすべき必要性は認められないことから、相手方の承諾を得ないで行われる行為のみを規制の対象としているものでございます。また、位置情報の共有当初は双方の同意があったとしても、その後、双方の関係が悪化するなどして位置情報の共有を望まず、今後は位置情報の共有について承諾できない旨を行為者に伝えた場合には承諾を得ないでの要件に該当することとなると考えられるところでございますが、いずれにいたしましても、その該当性につきましては個別具体的な事案に応じて判断することとなると考えているところでございます。」（令和3年4月8日参議院内閣委員会小田部耕治警察庁生活安全局長答弁）

「位置情報」については、地理空間情報活用推進基本法第2条第1項第1号に「空間上の特定の地点又は区域の位置を示す情報（当該情報に係る時点に関する情報を含む。……）」と規定されており、端的には緯度・経度等の座標情報をいう[33]。

イ　位置情報記録・送信装置

　「位置情報記録・送信装置」は、「当該装置に係る位置情報」を記録し、又は送信する機能を有する装置である。相手方と共に位置情報記録・送信装置が移動することを前提に、位置情報記録・送信装置が所在し、又は所在した場所の位置情報を記録・送信するものであることを明確にしている。

　具体的な規制対象は政令で定めることとされており、施行令第1条では、「衛星測位の技術を用いて得られる当該装置の位置に係る位置情報を電磁的記録……として記録し、又はこれを送信する機能を有する装置」と規定されている。この「衛星測位」とは、人工衛星から発射される信号を用いてする位置の決定及び当該位置に係る時刻に関する情報の取得並びにこれらに関連付けられた移動の経路等の情報の取得（地理空間情報活用推進基本法第2条第4項）であり、GPS機器等の衛星測位システムを利用した機器が対象となる。位置情報の記録・送信を主目的とした装置だけでなく、インストールされたアプリケーションによりその機能を持ったスマートフォン等も該当することとなる[34]。また、「位置情報を記録し、又は送信する機能を有する装置」であるので、位置情報を当該装置に記録するもの（当該装置自体を回収等して、記録された位置情報を取得することとなる。）、記録した位置情報を定期的、又は要求に応じて送信するもの、位置情報をリアルタイムに送信するもの等が対象となる。

---

33)　柴崎亮介監修『地理空間情報活用推進基本法入門』163頁。

34)　「相手方のスマートフォンのGPS機能により、その位置情報を共有可能となるアプリケーションを利用して相手方の承諾を得ないでそのスマートフォンの位置情報を取得する行為につきましても、相手方の承諾を得ないで相手方の所持するGPS機器等に係る位置情報を取得する行為として規制対象となるところでございます。」（令和3年4月8日参議院内閣委員会小田部耕治警察庁生活安全局長答弁）

「同号に規定する行為がされた位置情報記録・送信装置」とは、第2号に規定する行為、すなわち、相手方の承諾を得ずに、その所持する物に取り付ける等された位置情報記録・送信装置である。このような位置情報記録・送信装置については、相手方がその存在を認識しておらず、当該装置を事実上支配しているとは認められないことから、「その所持する」には該当しないこととなるものの、相手方の位置情報が行為者に把握される可能性が高いことには変わりがないため、「その所持する物」に取付け等の行為が行われた位置情報記録・送信装置も含むこととしたものである。

ウ 位置情報の取得方法

規制の対象となる位置情報の取得方法についても、政令で定めることとされている。「政令で定める方法」として、施行令第2条で、

① 位置情報記録・送信装置の映像面上において、電磁的記録として記録された位置情報を視覚により認識することができる状態にして閲覧する方法（第1号）

② 位置情報記録・送信装置により記録された電磁的記録に係る記録媒体を取得する方法（当該電磁的記録を他の記録媒体に複写する方法を含む。）（第2号）

③ 位置情報記録・送信装置により送信された電磁的記録を受信する方法（当該方法により取得された位置情報を他人の求めに応じて提供する役務を提供する者から当該役務を利用して当該位置情報の提供を受ける方法を含む。）（第3号）

が規定されている。

①の方法は、位置情報・送信装置上のモニター等に位置情報を表示させ、行為者がそれを見ることで取得する方法である。具体的には、相手方のスマートフォンに記録されている当該スマートフォンの位置情報をその画面に表示させて盗み見る行為等が該当する。

②の方法は、位置情報が記録された記録媒体を取得する、又は位置情報を他の記録媒体に複写して取得する方法である。記録媒体を取得する方法とし

ては、位置情報記録・送信装置により記録された位置情報データが記録・蔵置されたメモリーカード等を当該位置情報記録・送信装置から取り出して入手する行為のほか、相手方の自動車等に取り付けた、装置内部の記録媒体に位置情報を記録している位置情報記録・送信装置そのものを当該自動車等から取り外して持ち帰る行為も該当すると考えられる。他の記録媒体に複写して取得する方法としては、位置情報記録・送信装置に記録されている位置情報を、当該装置にメモリーカード等の記録媒体を接続等して複写して取得する方法、例えば、相手方の所持するスマートフォンに記録されたその位置情報データを、当該スマートフォンにメモリーカードを接続してコピーする行為がこれに当たる。

　③の方法は、位置情報記録・送信装置から送信された位置情報を、行為者が所持する装置により受信等して取得する方法である。位置情報記録・送信装置から直接に位置情報の送信を受ける場合だけでなく、求めに応じて位置情報を提供するサービスを提供する者を介して取得する場合も含まれる。例えば、相手方の所持するスマートフォンにインストールされたアプリケーションにより送信された当該スマートフォンの位置情報データが、事業者等の管理するサーバーを経由してそのまま行為者のスマートフォンにインストールされた同一のアプリケーションにより受信される場合は「位置情報記録・送信装置により送信された電磁的記録を受信する方法」に該当するが、相手方の所持するスマートフォンから事業者等の管理するサーバーに送信された位置情報データが、事業者等によって適宜加工されたうえで、アクセス権限を有する行為者の要求に応じて行為者に提供されるような場合には、「他人の求めに応じて提供する役務を提供する者から当該役務を利用して当該位置情報の提供を受ける方法」に該当すると考えられる。また、位置情報記録・送信装置の位置情報を電話オペレーターから電話を通じて聴取するような場合も、「他人の求めに応じて提供する役務を提供する者から当該役務を利用して当該位置情報の提供を受ける方法」に該当すると考えられる。

62　第2　逐条解説

2－2－2　位置情報記録・送信装置の取付等（第3項第2号）

（定義）

第2条　（略）

2　（略）

3　（柱書略）

　二　その承諾を得ないで、その所持する物に位置情報記録・送信装置
　　を取り付けること、位置情報記録・送信装置を取り付けた物を交付
　　することその他その移動に伴い位置情報記録・送信装置を移動し得
　　る状態にする行為として政令で定める行為をすること。

施行令

（位置情報記録・送信装置を移動し得る状態にする行為）

第3条　法第2条第3項第2号の政令で定める行為は、次に掲げる行為
　　とする。

　一　その所持する物に位置情報記録・送信装置を差し入れること。

　二　位置情報記録・送信装置を差し入れた物を交付すること。

　三　その移動の用に供されることとされ、又は現に供されている道路
　　交通法（昭和35年法律第105号）第2条第1項第9号に規定する自
　　動車、同項第10号に規定する原動機付自転車、同項第11号の2に規
　　定する自転車、同項第11号の3に規定する移動用小型車、同項第11
　　号の4に規定する身体障害者用の車又は道路交通法施行令（昭和35
　　年政令第270号）第1条第1号に規定する歩行補助車（それぞれそ
　　の所持する物に該当するものを除く。）に位置情報記録・送信装置
　　を取り付け、又は差し入れること。

2 定義（法第2条） 63

趣　旨

　法第2条第3項第2号で規定される行為は、相手方の承諾を得ないで、その所持する物に位置情報記録・送信装置を取り付ける等の行為である。位置情報を取得するための前段階の行為であるが、位置情報記録・送信装置を取り付けた段階で、それが正常に機能する限りその位置情報を取得できる状態になること、相手方が当該装置を取り付けられたことを認識すれば、位置情報が実際に取得されたかどうかにかかわらず、自らの位置情報が詳細に把握されている可能性があることによる不安を相手方に覚えさせるおそれがあることから、位置情報を取得する行為と同様に規制することとされた。

解　説

ア　位置情報取得・送信装置の取付け、交付

　「取り付ける」とは、位置情報記録・送信装置を一定の場所に設置したり他の物に装着したりすることであり、例えば、相手方が所持する自動車の底部に位置情報記録・送信装置をガムテープで張り付けること等が該当する。なお、相手方のスマートフォンに位置情報を記録・送信する機能を有するアプリケーションをインストールする行為は、当該スマートフォンを位置情報記録・送信装置とする行為であり、本号には該当しない[35]。

---

35)　法改正時の国会審議では、このようなアプリケーションをインストールする行為や、アプリケーションそのものを規制する必要性についても議論された。アプリケーションのインストールに関しては、「相手方のスマートフォンに無断でこうしたアプリケーションをインストールする行為は、一般論として申し上げれば、正当な理由がないのに、人が電子計算機を使用するに際して、その意図に反する動作をさせるべき不正な指令を与える電磁的記録を人の電子計算機における実行の用に供した者として、不正指令電磁的記録供用罪に当たり得ると考えられるところでございます。」（令和3年4月8日参議院内閣委員会小田部耕治警察庁生活安全局長答弁）とされ、アプリケーション自体の規制については、「位置情報探索、取得等し得るアプリケーションの販売自体の規制という考え方もありますけれども、こうしたアプリケーションが子供や高齢者の見守り等、社会的に有用な用途に広く用いられていることも一方であるということがございます。当該規制は、これは困難でありますけれども、そういう両方の面からしっかりと対応していくということが大切だと思っています。」（同日同委員会小此木八郎国家公安委員会委員長答弁）とされている。

位置情報記録・送信装置を取り付けた物を相手方に交付する行為について
も、当該物が相手方と共に移動する可能性が高いことを捉えて、規制の対象
とされている。具体的には、プレゼントの内部に位置情報記録・送信装置を
取り付けて相手方に直接手渡すことや送付する行為等が該当する。

イ　移動に伴い位置情報記録・送信装置を移動し得る状態にする行為

「その移動に伴い位置情報記録・送信装置を移動し得る状態にする行為と
して政令で定める行為」として、施行令第3条では、

①　その所持する物に位置情報記録・送信装置を差し入れること(第1号)

②　位置情報記録・送信装置を差し入れた物を交付すること　(第2号)

③　その移動の用に供されることとされ、又は現に供されている自動車等
　　に位置情報記録・送信装置を取り付け、又は差し入れること　(第3号)

と規定されている。

「差し入れる」とは、中へ入れる、入れ込むことを意味しており、具体例
としては、相手方の自動車の収納ボックスに位置情報記録・送信装置を入れ
る行為や、相手方の鞄のポケットに位置情報記録・送信装置を入れる行為等
が該当する。これらの行為は相手方の物に位置情報記録・送信装置を固定し
ているわけでなく、「取り付けること」には該当しないと解されるため、政
令で規定されたものである。

③は、相手方が利用している社用車やタクシー等に位置情報記録・送信装
置を取り付ける等する行為を対象としている。運転手付き社用車やタクシー
は、相手方が事実上支配するものではなく、相手方の「所持する物」に該当
しないが、現に相手方が利用しているタクシー等に位置情報記録・送信装置
を取り付ける等して、その位置情報を取得することも想定されるし、相手方
が頻繁に使用している社用車や、予約済みの特定のタクシー、近々乗車する
ことが予定されている特定のレンタサイクル等に位置情報記録・送信装置を
取り付ける等することも想定される。そこで、「その移動の用に供すること
とされ、又は現に供されている」車両に位置情報記録・送信装置を取り付け、
又は差し入れることを規制の対象としたものである。

「その移動の用に供することとされ」ている状態であるかどうかは、当該車両の種類、用途、状態等に鑑み、個別具体の事案に即して判断されることとなる。例えば、職場の少人数の係のみで日頃使用する社用車や、既に予約がなされており相手方が近々乗車することが確実である特定のレンタカーやタクシーは、「その移動の用に供することとされ」ている状態であるものと考えられる。他方、相手方が時折利用するレンタカー事業所にある数十台のレンタカーのうちの一台で、まだ相手方が予約していないものについては、「その移動の用に供することとされ」ている状態にあるというのは困難であろう[36]。

　取り付け等の対象となる車両としては、位置情報記録・送信装置が相手方と共に移動し得る状態になることを想定し、自動車、原動機付自転車、自転車、身体障害者用の車椅子及び歩行補助車が規定されている。また、これらの自動車等については、相手方の所持が成立する場合も考えられることから、「その所持する物に該当するものを除く」と規定し、条文の適用関係が明確化されている。

36）　渡邉・前掲注31）44頁参照。

66　第2　逐条解説

2－3　「ストーカー行為」の定義（法第2条第4項）

（定義）

第2条　（略）

2・3　（略）

4　この法律において「ストーカー行為」とは、同一の者に対し、つき
まとい等（第1項第1号から第4号まで及び第5号（電子メールの送
信等に係る部分に限る。）に掲げる行為については、身体の安全、住
居等の平穏若しくは名誉が害され、又は行動の自由が著しく害される
不安を覚えさせるような方法により行われる場合に限る。）又は位置
情報無承諾取得等を反復してすることをいう。

趣　旨

　法第2条第4項は、「つきまとい等」又は「位置情報無承諾取得等」を同
一の者に対して反復して行う行為を「ストーカー行為」と定義するものであ
り、平成28年改正、令和3年改正を経て、現在の規定となっている。

　法制定時には、法第2条第1項第1号から第4号までに係る行為のみが「身
体の安全、住居等の平穏若しくは名誉が害され、又は行動の自由が著しく害
される不安を覚えさせるような方法により行われる場合に限る。」（以下「不
安方法」という。）との限定が付されていたが（これは、当時の第5号から第8
号に掲げる行為については、その行為自体が、社会通念上、相手方の身体の安全、
住居等の平穏若しくは名誉が害され、又は行動の自由が著しく害される不安を覚
えさせるものと評価できるものであるが、第1号から第4号までに掲げる行為に
ついては、その全てが通常人をして相手方の身体の安全、住居等の平穏若しくは
名誉が害され、又は行動の自由が著しく害される不安を覚えさせるとまでは評価
できないことから、社会通念上、身体の安全、住居等の平穏若しくは名誉が害さ
れ、又は行動の自由が著しく害される不安を覚えさせるような方法で行われた場
合のみをストーカー行為として処罰の対象としたものと考えられる。）、平成28年
改正により、拒まれたにもかかわらず、連続して行われたSNSによるメッ

セージ送信等が規制対象行為として追加された際、第5号（電子メールの送信等に係る部分に限る。）についても、不安方法が必要となる行為の対象に追加された。

　その理由は、SNSによるメッセージ送信等についても、「拒まれたにもかかわらず、連続して」行われれば、相手方に不安を覚えさせることが通常であるとは思われるが、第2項の規定が、既に存在する多様なSNSのサービスはもとより、今後、情報通信技術の進展に伴って登場する可能性がある新たな電気通信手段にも対応することができるよう、ある程度の包括性を有するものとなっていることから、当該規定の対象となり得る電気通信手段の中には、連続送信することで直ちに相手方に不安を覚えさせるとは評価できないようなものもあり得なくはないため、不安方法の限定を付すこととされたものである。

　また、電子メールの連続送信については、「拒まれたにもかかわらず、連続して」行われた場合には、相手方に不安を覚えさせるのが通常と考えられるとして、平成25年改正時は当該不安方法の限定が付されていなかったが、電気通信手段の一つである点でSNSのメッセージ等と共通しており、また、電子メールとSNSのメッセージとは実質的に異ならない機能を有するものであることから、平成28年改正法により、電子メールの連続送信やSNSによるメッセージの連続送信等を広く含む「電子メールの送信等」に不安方法の限定が付されることとなった。

　さらに、令和3年改正法で「位置情報無承諾取得等」が規制の対象として追加されたことから、「位置情報無承諾取得等」も含めて反復して行うことがストーカー行為となる旨規定された。

　「位置情報無承諾取得等」に関しては、ストーカー行為の成立について不安方法の限定が付されていない。これはGPS機器等の位置情報記録・送信装置による位置情報の取得行為及び当該装置の取付け行為等が行われた場合には、自分の位置情報が詳細に把握されて何らかの犯罪等の危害に遭うのではないかといった不安を覚える蓋然性が高く、社会通念上、身体の安全、住居等の平穏若しくは名誉が害され、又は行動の自由が著しく害される不安を

覚えさせるものと評価されるからである。

　なお、「ストーカー行為」をした者については、罰則の対象となっている（法第18条）。

解　説

ア　反復性

　「反復して」とは、複数回繰り返してということを意味する。どのような場合に「反復して」行ったと評価できるかについては、ある程度時期的に近接していることが必要となろうが、個々の具体的事例ごとに判断せざるを得ないと考える。例えば、特定のつきまとい等が毎日のように行われている場合であれば、当然反復して行われていることとなり、つきまとい等が行われた後、数か月後にまた同じつきまとい等が行われたような場合には、反復して行われたとまではいえないであろうが、毎月１回、つきまとい等を数年間繰り返したような場合には、反復して行われていると評価できることもあると考えられる。

　つきまとい等を「反復してする」とは、法の趣旨や、ストーカー行為が様々な嫌がらせ的な行為を繰り返すという特質を有するものであるということから、本条第１項第１号から第８号までに掲げる「つきまとい等」のうち、いずれかの行為を反復することと解されている（重要判例６参照）。令和３年改正により「位置情報無承諾取得等」が規制対象に追加されたことから、同項各号又は第３項各号に規定された行為が全体として反復されたと認められれば、ストーカー行為が成立すると解される。すなわち、つきまとい等に該当する行為を反復して行った場合、つきまとい等に該当する行為と位置情報無承諾取得等に該当する行為を行った場合、位置情報無承諾取得等に該当する行為を反復して行った場合のいずれもストーカー行為が成立することとなる。

2　定義（法第2条）　69

> **【重要判例6】法第2条第4項の「つきまとい等を反復してすること」の意義に関するもの**[37]（最決平17・11・25刑集59巻9号1819頁）
>
> ### (1)　事件の概要
>
> 　本件は、被告人が、かつての交際相手の女性に対し、携帯電話の着信拒否設定の解除や交際中の外食費用の支払いを求める旨の手紙4通を郵送する、あるいは、郵便受けに直接投函し、うち1通には、同女の裸体を被写体とする画像を含む印刷物を同封するというストーカー行為をしたとして、法違反の事実で起訴された事案である[38]。
>
> ### (2)　判示内容
>
> 　「上告趣意は、事実誤認、単なる法令違反の主張であって、刑訴法405条の上告理由に当たらない。なお、ストーカー行為等の規制等に関する法律2条2項（筆者注：現2条4項）の『ストーカー行為』とは、同条1項1号から8号までに掲げる『つきまとい等』のうち、いずれかの行為をすることを反復する行為をいい、特定の行為あるいは特定の号に掲げられた行為を反復する場合に限るものではないと解すべきであるから、これと同旨の原判断は相当である。」

---

37)　本裁判例の評釈を行ったものとしては、中川・前掲1・注3）30頁、大野勝則「最高裁判所判例解説」法曹時報60巻9号353〜366頁、北島孝久「ストーカー行為等の規制等に関する法律違反の各種事例と判決、関連する法律上の問題点」研修644号4〜6頁（控訴審を紹介したもの）等がある。

38)　当該手紙の送付は法第2条第1項第3号の「面会、交際その他の義務のないことを行うことを要求すること」に、当該写真の送付は同項第8号の「その性的羞恥心を害する文書、図画その他の物を送付し若しくはその知り得る状態に置くこと」（当時）に該当するとされたもの。

イ いわゆる「不安方法」

つきまとい等のうち、第1項第1号から第4号まで及び第5号（電子メールの送信等に係る部分に限る。）に掲げる行為については、「身体の安全、住居等の平穏若しくは名誉が害され、又は行動の自由が著しく害される不安を覚えさせるような方法」で行った場合にのみ「ストーカー行為」が成立する。

「身体の安全、住居等の平穏若しくは名誉が害され、又は行動の自由が著しく害される不安を覚えさせるような方法」とは、行為の具体的態様だけでなく、つきまとい等の行為者と相手方の人間関係、行為に至るまでの経緯等を勘案し、相手方をして、通常、身体の安全、住居等の平穏若しくは名誉が害されるのではないか、又は行動の自由が著しく害されるのではないかという不安を覚えさせると評価できる程度のものである必要があると考えられる（重要判例7、8参照）。

また、相手方に直接向けられたならば不安を覚えさせる行為であると社会通念上認められるものであれば、相手方が不在時に行われた当該行為も含まれると考えられる。

2　定義（法第2条）　71

【重要判例7】　法第2条第4項のいわゆる「不安方法」の意義に関するもの[39]（大阪高判平16・8・5高検速報平16・158頁）

(1)　事件の概要

　本件は、被告人が、デパートの店員をしていた女性に好意を抱き、情を知らない郵便局員をして、同女の勤務先にプレゼントや「好きです。つき合ってください。」などと記載した手紙を送達させたほか、同女に対して、勤務先の同僚店員を介して自己の要求を告げるというストーカー行為をしたとして、法違反の事実で起訴された事案である。

(2)　判示内容

　「ストーカー行為の相手方となった者のためにその身体等に対する危害の発生を防止するという同法（筆者注：法）の趣旨、目的からすると、同法2条2項（筆者注：現2条4項）にいう『不安方法』とは、ストーカー行為の相手方となった者をして、通常、その身体の安全等が害されるという不安、言い換えると、身体の安全等に関していかなる危害を加えられるかもしれないという不安を覚えさせるような方法一般をいうものと解されるのであって、ある行為が、不安方法により行われたか否かを判断するに当たり、原判決のような限定的基準の下に、郵便による場合を特別視し、これを原則として不安方法から除外してとらえるのは相当ではない。この点は、当該行為が郵便によるか否かを問わず、行為者と被害者の人的関係、行為の具体的態様、それにより被害者に告げられた内容、同種行為の回数や頻度、更には、警察による警告や禁止命令との先後関係等を総合的に考察して決すべきものと考える。」

---

39)　本裁判例の評釈を行ったものとしては、中川・前掲1・注3）36〜38頁、村中孝一「実務刑事判例評釈」警察公論60巻2号69〜75頁、髙森高德「判例紹介」研修677号105〜110頁等がある。

72　第2　逐条解説

【重要判例8】法第2条第4項のいわゆる「不安方法」の意義に関するもの（福岡高判平28・7・5判例タイムズ1431号138頁）

(1)　事件の概要

　本件は、被告人が、知人女性Ａが居住するマンション内に立ち入った上で、押し掛け、面会等要求、架電等のストーカー行為に及ぶなどして、法違反等の事実で起訴された事案である。

(2)　判示内容

　「Ａが住むマンションは建物全体の玄関部分をオートロック式としており、居住者とその許可を得た者以外の立ち入りを許容していないが、被告人は、……他の居住者による出入りに合わせてオートロックをすり抜け、Ａの居室前に至っている。このように、本来なら立ち入れない場所まで押し掛けることは、正に身体の安全や住居等の平穏を害される不安を増大させる要素であるから、不安方法の判断に際し重視する必要があるが、原判決にはこれを検討した形跡がみられない。」「更に、……手紙自体には直接危害を加えるような文言こそ含まれないものの、今後も顔を合わせることがあり得る旨を暗に示しているし、それが送付された経緯や時期、具体的には、4月14日の面会等要求に対し、Ａが『早く帰って、電話もしてこないで』などと拒絶の態度を明示したのに、同日から翌15日までの間に連続して6回電話をし、同月15日には再度押し掛けるも『お願いだから帰って。絶対に会いたくない』などとやはり明確に拒絶されていたのに、その直後に手紙を投函したという事情を考慮に入れるべきところ、原判決はこれらの点の考察も不十分といわざるを得ない。」「Ａは、原審公判で、被告人による各所為につき、何をされるか分からない、今後もつきまとわれたり家まで来るかも知れないという強い不安を覚えた旨供述した。これは、先に掲げた各所為の態様、経緯、時期等に照らしてよく理解できるところであるし、Ａが所為……の当日に警察に相談したこととも符合する。そうすると、本件の所為……は不安方法で行われたものというべきである。」

2 定義（法第2条） 73

> **参 考** **法第2条第4項の改正経緯**
>
> ○ **法制定時**
>
> **第2条** （略）
>
> 2 この法律において「ストーカー行為」とは、同一の者に対し、つき
> まとい等（前項第1号から第4号までに掲げる行為については、身体
> の安全、住居等の平穏若しくは名誉が害され、又は行動の自由が著し
> く害される不安を覚えさせるような方法により行われる場合に限る。）
> を反復してすることをいう。
>
> ○ **平成28年改正後**
>
> **第2条** （略）
>
> 2 （略）
>
> 3 この法律において「ストーカー行為」とは、同一の者に対し、つき
> まとい等（第1項第1号から第4号まで及び第5号（電子メールの送
> 信等に係る部分に限る。）に掲げる行為については、身体の安全、住
> 居等の平穏若しくは名誉が害され、又は行動の自由が著しく害される
> 不安を覚えさせるような方法により行われる場合に限る。）を反復し
> てすることをいう。

3 つきまとい等又は位置情報無承諾取得等をして不安を覚えさせることの禁止（法第3条）

> （つきまとい等又は位置情報無承諾取得等をして不安を覚えさせることの禁止）
> **第3条** 何人も、つきまとい等又は位置情報無承諾取得等をして、その相手方に身体の安全、住居等の平穏若しくは名誉が害され、又は行動の自由が著しく害される不安を覚えさせてはならない。

趣　旨

　本条においては、単なるつきまとい等又は位置情報無承諾取得等ではなく、つきまとい等又は位置情報無承諾取得等をしてその相手方に不安を覚えさせる行為を禁止している。令和3年改正で、新たに位置情報無承諾取得等が規制対象に加えられたことに伴い、つきまとい等と同様に禁止の対象とされた。

　法第2条第1項で規定するつきまとい等は、日常生活において一般に行われ得る行為も含まれており、これらを一律に禁止することは国民の行動の自由を不当に制限することともなりかねない。しかしながら、つきまとい等は、これを放置していると行為が次第にエスカレートし、事態が急展開して殺人等の重大事件に発展し、その被害者に深刻な被害が生じかねないものであり、現にその相手方が不安を覚えているような場合には、その不安を解消するために何らかの対応をすることが必要となろう。そこで、被害者の身体、自由及び名誉に対する危害を防止し、併せてその生活の安全と平穏を確保するため、つきまとい等をしてその相手方に対して一定の不安を覚えさせる行為を一律に禁止し、ストーカー行為が成立する以前の段階で、警告（第4条）、禁止命令等（第5条）の対象とし、その後の危害防止を図ろうとしたものと考えられる。

　行政法規において、法目的を達成するために、私人の行為について禁止等の一定の義務を課し、その義務違反に対して行政命令を設ける例は特異なものではないところ[1]、本法では、第3条違反行為に対して、行為の相手方から申出を受けて警察本部長等が警告したり、都道府県公安委員会が禁止命令

等（禁止命令等違反に対しては罰則が設けられている〔第19条、第20条〕。）を行うことを可能としている。

第2条第3項に規定する位置情報無承諾取得等についても、つきまとい等と同様に、その相手方に一定の不安を覚えさせることを禁止し、ストーカー行為が成立する以前の段階でも対処できるよう、警告、禁止命令等の対象としたものである。

また、法制定当初は、第3条違反行為について、当該行為の相手方の申出に基づき警告を実施し、それに違反した場合に禁止命令等が行われることとなっていたが、平成28年改正で警告違反が禁止命令等の要件ではなくなり、相手方からの申出等により禁止命令等を行うことができることとなった。これにより、一層、ストーカー行為等の被害者の意向に沿った、かつ、迅速・効果的な被害防止対策が可能となっている[2]。

なお、本条の違反については、罰則は設けられていない。

解説

本条で禁止されている行為は、その相手方に対して、つきまとい等又は位置情報無承諾取得等をして「身体の安全、住居等の平穏若しくは名誉が害され、又は行動の自由が著しく害される不安」を覚えさせることである。第1条において、「個人の身体、自由及び名誉に対する危害の発生を防止し、あわせて国民の生活の安全と平穏に資すること」を目的として掲げていることから、この目的に合わせて、不安の内容を限定したものと考えられる。

---

1) 具体例としては、次のようなものがある。
   ○ 道路法（昭和27年法律第180号）第47条の14（車両の通行に関する措置命令）
   ○ 道路交通法（昭和35年法律第105条）第58条の5（過積載車両の運転の要求等の禁止）
   ○ 絶滅のおそれのある野生動植物の種の保存に関する法律（平成4年法律第75号）第18条（希少野生動植物種の個体等の陳列等をしている者に対する措置命令）
2) 「今回、警告を経ずに禁止命令等を出せるという形にしましたけれども、当然のことながら、事態がエスカレートしていないのにやるということはあり得ない。被害者の方々の、逆上されたりとか、そういったことがないような形をしっかりとやっていかなくてはいけない、適切な手段というのを選択していかなくてはいけないと思っています。」（平成28年11月30日衆議院内閣委員会山本香苗参議院議員答弁）

「不安を覚えさせてはならない」とされていることから、本条違反については、行為の相手方が実際に不安を覚えていることが要件となると考えられる。その方法に限定はないため、社会通念上相手方に不安を覚えさせるような方法でつきまとい等を行っていなかったとしても、その相手方が実際に不安を覚えれば本条に違反することとなろう。

また、行為が行われた時点では相手方が不安を覚えていない場合、例えば、相手方が不在の場合の押し掛けや相手方に直接向けられていない著しく粗野又は乱暴な言動が行われた場合であっても、後で相手方がこれらの行為を認識した時点で不安を覚えれば、同様に本条違反となると考えられる。

位置情報無承諾取得等についても、位置情報の取得行為又は位置情報記録・送信装置の取付けは通常ひそかに行われるものであって、行為の時点では相手方が認識していないとしても、これが発覚した時点で相手方が不安を覚えれば本条違反となる。

4 警告（法第4条）

4−1 警告の主体、方法等（法第4条第1項、第2項、第5項）

（警告）

第4条 警視総監若しくは道府県警察本部長又は警察署長（以下「警察本部長等」という。）は、つきまとい等又は位置情報無承諾取得等をされたとして当該つきまとい等又は位置情報無承諾取得等に係る警告を求める旨の申出を受けた場合において、当該申出に係る前条の規定に違反する行為があり、かつ、当該行為をした者が更に反復して当該行為をするおそれがあると認めるときは、当該行為をした者に対し、国家公安委員会規則で定めるところにより、更に反復して当該行為をしてはならない旨を警告することができる。

2　一の警察本部長等が前項の規定による警告（以下「警告」という。）をした場合には、他の警察本部長等は、当該警告を受けた者に対し、当該警告に係る前条の規定に違反する行為について警告をすることができない。

3・4　（略）

5　前各項に定めるもののほか、第1項の申出の受理及び警告の実施に関し必要な事項は、国家公安委員会規則で定める。

【施行規則】

（警告の申出の受理）

第1条 ストーカー行為等の規制等に関する法律（以下「法」という。）第4条第1項の申出（以下「警告の申出」という。）の受理は、別記様式第1号の警告申出書の提出を受けることにより（当該申出が口頭によるものであるときは、別記様式第1号の警告申出書に記入を求め、又は警察職員が代書することにより）、行うものとする。

78　第2　逐条解説

> **（警告の方法）**
> **第2条**　法第4条第2項に規定する警告（以下単に「警告」という。）は、別記様式第2号の警告書を交付して行うものとする。
> 2　前項の規定にかかわらず、緊急を要し別記様式第2号の警告書を交付するいとまがないときは、警告を口頭で行うことができる。この場合において、別記様式第2号の警告書は、可能な限り速やかにこれを交付するものとする。

趣　旨

　本条は、つきまとい等又は位置情報無承諾取得等が行われ、その行為の相手方が一定の不安を覚えている場合において警察本部長等が行う警告について規定したものである。法第3条に違反する行為が行われていると認められる段階で、被害者からの申出に基づき、行為者に対してその自発的中止を求め、その後の被害の発生の防止、被害者の不安解消を図ろうとするものである。平成25年改正、28年改正及び令和3年改正を経て、現在の規定となっている。

解　説

ア　警告の主体

　警告の主体は、「警視総監若しくは道府県警察本部長又は警察署長」（警察本部長等）である。被害者からの申出は、生活安全相談のような形で警察に対して持ち込まれることが多いと考えられるが、被害者から申出があった場合に、事案を把握し、迅速かつ適切な対応を行うには、被害者からの相談を受理する部署の責任者を主体とすることが望ましいと考えられたためであろう。警察本部長が警察署長と並んで行政措置の主体として規定されているのは、立法例としては初めてのものである。

　警告は、申出をした被害者の住所又は居所の所在地を管轄する警察本部長等、行為者の住所（国内に住所がないとき又は住所が判明しないときは居所）の所在地を管轄する警察本部長等、申出に係る法第3条違反行為が行われた場

所を管轄する警察本部長等が行うこととされている（法第14条第3項）。

　被害者の申出に応じて、警視総監又は警察本部長と警察署長のどちらが警告を実施するかについては法では明確に規定されておらず、どのような場合にどちらが警告を行うかについては検討を要する。ただ、被害者の立場に立てば、自分が申出をした所が責任をもって対応することを望むものであろうから、原則として、被害者の意思を尊重して対応すべきであろう。

イ　警告の要件

(ア)　行為の相手方からの申出

　第1の要件は、つきまとい等又は位置情報無承諾取得等の被害者から「つきまとい等又は位置情報無承諾取得等に係る警告を求める旨の申出」があることである。被害者からの申出が要件とされたのは、つきまとい等又は位置情報無承諾取得等は、元交際相手、元配偶者、知人等から行われることが多く（法制定時の警察庁調査では、行為者が判明している678件中、585件〔86.2％〕は面識のある者によって行われていた。）、全ての事例について警察の関与が求められるとは限らないが、警告を被害者からの申出にかからしめることにより、被害者のニーズに合った対応が可能となると考えられたことによるものである。

　「警告を求める旨の申出」であることから、単につきまとい等又は位置情報無承諾取得等の被害を受けている旨を申し出るだけでは足りず、行為者に対する警告を求める旨の意思表示が必要となろう。

　申出を行う者は、申出を受理した警察本部長等においてつきまとい等又は位置情報無承諾取得等の被害を受けている者が実際に不安を覚えているかどうかを確認しなければならないため、被害者本人とすべきであろう。ただ、民法の一般原則が適用され、親権者や弁護士等が代理人として申出を行うことは可能と考えられる[1]。

　申出の受理については、施行規則第1条において、別記様式第1号の「警告申出書」の提出を受けることにより行うこととされている。口頭で申出があった場合は、申出者に警告申出書への記入を求めるか、警察職員が代書す

ることとされている。申出は、法第14条第3項に規定する警告を行うこととなる警察本部長等のいずれかが受理することとなる（前記**ア**参照）。

(イ)　法第3条違反行為

第2の要件は、申出に係る法第3条違反行為があると、申出を受けた警察本部長等において認められることである。法第3条違反行為であるから、単に法第2条第1項各号に掲げるつきまとい等や、同条第3項各号に掲げる位置情報無承諾取得等が行われていると認められるだけでなく、申し出た被害者が不安を覚えていることが必要となる（不安を覚えることの意義については、前記3を参照のこと。）。

また、つきまとい等や、位置情報無承諾取得等に該当する行為が恋愛感情その他の好意の感情又はそれが満たされなかったことに対する怨恨の感情を充足する目的で行われていることの認定に関しては、行為者と被害者の人間関係、行われている行為の態様（行為者の言動、送りつけられている物等）等から判断できることもあろう。

なお、申出の時点で、既にストーカー行為が成立している場合もあると考えられるが、被害者が本条に基づく警告を求めるような場合には、警告を行って差し支えないと考えられる。

(ウ)　更なる反復のおそれ

第3の要件は、行為者が「更に反復して申出に係る第3条違反行為をするおそれがある」と警察本部長等において認められることである。

更に反復して行われるおそれとは、申出に係る行為について調査等を行った結果、警告を行わなければ再度法第3条違反行為が行われるであろう可能性のことをいうものと考えられる。

---

1)　つきまとい等の被害者以外の者からの申出の可否については、法制定時の国会審議でも取り上げられた。告訴と同様、親権者による申出が認められるのかとの質問に対して、草案提案者は次のように答弁している。

「申し出につきましては、申し出をする者が不安を覚えているかどうかを確認しなければならないために、その性質上、本人によって行われるべきものと考えております。しかしながら、本人が未成年者である場合には、本人の意思を尊重しつつ、親権者が代理人として申し出ることができるものと考えられます。」（平成12年5月16日参議院地方行政・警察委員会松村龍二議員〔草案提案者〕答弁）

このようなおそれがあるかどうかについては、申出に係るつきまとい等や位置情報無承諾取得等の態様、それが行われることとなったきっかけ、それまでに行われた回数や頻度等を総合的に勘案して判断することとなる。被害者が申出をした時点において、つきまとい等や位置情報無承諾取得等が複数回行われているような場合には、特段の事情がない限り、更に反復して行われるおそれが認定されることとなろう。

ウ　警告の内容

　警告は、「更に反復して当該行為をしてはならない旨」を行為者に伝達するものである。

　「更に反復して……してはならない」とは、法第3条がつきまとい等又は位置情報無承諾取得等を行うことを反復の有無に関係なく単に禁止していることから、警告を受けた後、法第3条違反行為を反復して、すなわち、複数回行ってはならないことを意味するものではなく、法第3条違反行為を再度行ってはならないことを意味するものと考えられる。したがって、警告を受けた後、法第3条違反行為を1回でも行えば、警告に違反したこととなる。

　「当該行為」とは、「前条の規定に違反する行為」、すなわち、つきまとい等又は位置情報無承諾取得等をして被害者に不安を覚えさせることである。実際に被害者に対して行われていた行為が法第2条第1項又は第3項に掲げる行為のいずれかに該当するものであったとしても、つきまとい等又は位置情報無承諾取得等に該当する全ての行為をして不安を覚えさせてはならない旨警告することとなる[2]。

エ　警告の性質

　警告は、行政処分ではなく行政指導に該当するとされている[3]。したがって、当該警告は行為者に対しつきまとい等又は位置情報無承諾取得等をやめるよう求めるものではあるが、当該行為者に義務を課したり、その権利を制限するような法律上の拘束力を持つものではなく、あくまでも警告を受けた者の任意による自発的な行為の中止を求めるものとなる。

82　第2　逐条解説

　また、行政指導であるから、警告は、行政不服審査法（平成26年法律第68号）に基づく審査請求や行政事件訴訟法（昭和37年法律第139号）に基づく取消訴訟の対象とはならないが、行政手続法（平成5年法律第88号）第36条の2に基づく「行政指導の中止等の求め」の対象とはなると考えられる。

　なお、行政指導は個別の法律の根拠がなければできないものではなく、本条の規定がなくとも行い得るものではあるが、法で要件を明確に規定することにより、迅速・適切な警告が可能となっていると考えられる。当然のことながら、法第3条違反行為の行為者に対し、本条に規定する警告以外の行政指導を行うことも可能である。

オ　警告の方式（施行規則第2条）

　警告は、施行規則第2条の規定により、別記様式第2号の「警告書」を交付して行うこととされており、警告を受ける者に直接手渡すことが原則と考えられるが、やむを得ない事情がある場合には、郵便物を配達した事実が記録される手法（一般書留）を用いて、郵便により送達することもできると考えられる。

　なお、警告書を交付することとしたのは、その内容を確実に相手方に伝達するためであり、警告の相手方が警告書を受け取らない場合であっても、相

---

2)　警察庁では、平成17年11月に、それまでの運用を改め、警告を求める旨の申出を受けた際に、第2条第1項のいずれかの号に該当する第3条に違反する行為があり、かつ反復のおそれが認められれば、第2条第1項の全ての号に係る行為をしてはならない旨を警告するよう、各都道府県警察に対して指示している。ストーカー行為についての最高裁決定（重要判例6参照）を踏まえ、同一の法律において同一の目的を実現するための規制について、行政措置により禁止する対象と罰則の対象の捉え方が異なることは合理的でないことから、警告の内容となる「当該行為」を「前条に違反する行為」、すなわち、第2条第1項に規定するつきまとい等をして相手方に不安を覚えさせる行為として、全ての号に係る行為をしてはならない旨を警告することとしたことは当然であり、また、被害者保護の観点から適当であった。

3)　「本法の警告は、行政指導の一種でありまして不利益処分には当たらないため、行政不服審査法及び行政事件訴訟法の対象とはなりません。」（平成12年5月16日参議院地方行政・警察委員会松村龍二議員〔草案提案者〕答弁）。なお、警告の取消しが求められた訴訟において、本法の警告は処分に該当しないとされた例がある（東京高判平16・5・19公刊物未登載）。

手方に警告書を提示し、相手方がその内容を了知できる状態になっていれば、警告を実施したこととなると考えられる。

また、「緊急を要し……警告書を交付するいとまがないとき」は、口頭で行うことができることとされている。この点、「緊急を要し……警告書を交付するいとまがないとき」とは、警告をすることについての警察組織内部の意思決定は済んでいるものの、更に法第3条違反行為が行われる危険性が真に切迫しており、行為者に対して書面の交付を行う時間的な余裕がない場合をいい、具体的には、既に警告をすることにつき警察本部長等の決裁がなされている場合において、警告の申出をした者に対して、まさに当該行為者がつきまとい等を行おうとしているのを現認したとき等が、これに当たると考えられる。

例外的に口頭での警告を実施した場合には、当該行為者に対して、警告書を「可能な限り速やかに」交付する必要がある。この点、法令上の「速やかに」との用語については、一般的に、「直ちに」（時間的即時性が強く、一切の時間的な遅延が許されない趣旨のものとされている。）と「遅滞なく」（時間的即時性が弱く、正当又は合理的な理由による遅延は許される趣旨のものとされている。）との間に位置する程度の時間的な即時性が要求されるものと解されており、また、訓示的な意味で使われる場合が多いとされているが、この場合の「速やかに」についても、こうした趣旨のものであると考えられるが、書面の交付がそもそもの原則であること等を踏まえ、規定の文言どおり「可能な限り速やかに」書面の交付を行うことが重要であろう。

カ　同一行為に対する複数の警告の禁止（法第4条第2項）

法第4条第2項においては、同一の法第3条違反行為について複数の警察本部長等から警告がなされることのないよう、一の警察本部長等が警告を実施した場合に、他の警察本部長等が「当該警告を受けた者に対し、当該警告に係る前条の規定に違反する行為について」警告をすることができない旨規定し、同一事案について複数の警察本部長等が警告を行うことができないこととされている。

84 第2 逐条解説

参　考　法第4条第1項、第2項、第5項の改正経緯

○　法制定時

（警告）

第4条　警視総監若しくは道府県警察本部長又は警察署長（以下「警察本部長等」という。）は、つきまとい等をされたとして当該つきまとい等に係る警告を求める旨の申出を受けた場合において、当該申出に係る前条の規定に違反する行為があり、かつ、当該行為をした者が更に反復して当該行為をするおそれがあると認めるときは、当該行為をした者に対し、国家公安委員会規則で定めるところにより、更に反復して当該行為をしてはならない旨を警告することができる。

2　一の警察本部長等が前項の規定による警告（以下「警告」という。）をした場合には、他の警察本部長等は、当該警告を受けた者に対し、当該警告に係る前条の規定に違反する行為について警告又は第6条第1項の規定による命令をすることができない。

3　警察本部長等は、警告をしたときは、速やかに、当該警告の内容及び日時その他当該警告に関する事項で国家公安委員会規則で定めるものを都道府県公安委員会（以下「公安委員会」という。）に報告しなければならない。

4　前3項に定めるもののほか、第1項の申出の受理及び警告の実施に関し必要な事項は、国家公安委員会規則で定める。

○　平成25年改正後

（警告）

第4条　（略）　※　法制定時の第1項と同じ。

2　（略）　※　法制定時の第2項と同じ。

3・4　（略）　※　新規追加（後記4－2参照）。

5　（略）　※　法制定時の第3項と同じ。

6　（略）　※　現在の第5項と同じ。

○　平成28年改正後

（警告）

第4条　（略）　※　法制定時の第1項と同じ。

2　一の警察本部長等が前項の規定による警告（以下「警告」という。）をした場合には、他の警察本部長等は、当該警告を受けた者に対し、当該警告に係る前条の規定に違反する行為について警告をすることができない。

3・4　（略）

＜旧第5項削除＞

5　（略）　※　現在の第5項と同じ。

86 第2 逐条解説

4-2 警告の申出者への通知（法第4条第3項、第4項）

（警告）

第4条 （略）

3 警察本部長等は、警告をしたときは、速やかに、当該警告の内容及び日時を第1項の申出をした者に通知しなければならない。

4 警察本部長等は、警告をしなかったときは、速やかに、その旨及びその理由を第1項の申出をした者に書面により通知しなければならない。

【施行規則】

（警告に係る通知の書面）

第3条 法第4条第4項の規定による通知は、別記様式第3号の通知書により行うものとする。

趣 旨

　法第4条第3項及び第4項は、警告をしたとき、あるいは、しなかったときにおける申出者への通知について規定したものであり、平成25年改正法により新たに追加された規定である。平成25年改正時の草案趣旨説明において、「申出をした者への通知等付きまとい等を受けた者の関与を強化する」[4]とされており、警告をした、又はしなかった旨を申出者に知らせることにより、申出者が状況を把握し、その不安感を解消するとともに、被害防止措置等を講じることを促すためのものと考えられる。

4） 平成25年6月20日参議院内閣委員会相原久美子委員長草案趣旨説明。

4 警告（法第4条） 87

解　説

　警察本部長等は、警告をしたときは、速やかに、その内容及び日時を当該警告を求める旨の申出をした者に通知しなければならない。この点、「書面により」と規定されていないことから、当該通知については、口頭で足りると考えられる。ただ、被害防止のための援助（法第7条）として、「申出に係るストーカー行為等について警告……を実施したことを明らかにする書面を交付する」こととされており（施行規則第15条第7号）、援助の措置として書面の交付を求められた場合には、これを交付することとなる。

　また、警告をしなかったときは、速やかに、その旨及び理由を当該警告を求める旨の申出をした者に書面により通知しなければならないが、特に書面で通知することとされたのは、警告をしなかった理由を申出者に明確に示すことで不安感を払拭するためと考えられる。通知は、施行規則第3条で規定する別記様式第3号の通知書で行うこととされており、申出者に直接手渡すことが望ましいと考えられるが、通知書を直接手渡すことが困難な場合には、郵便物を配達した事実が記録される手法を用いるなどして、郵便等により送達して行うことも可能であると考えられる。

88　第2　逐条解説

5　禁止命令等（法第5条）

5−1　緊急時以外の禁止命令等（法第5条第1項、第2項、第5項）

（禁止命令等）

第5条　都道府県公安委員会（以下「公安委員会」という。）は、第3条
　　の規定に違反する行為があった場合において、当該行為をした者が更
　　に反復して当該行為をするおそれがあると認めるときは、その相手方
　　の申出により、又は職権で、当該行為をした者に対し、国家公安委員
　　会規則で定めるところにより、次に掲げる事項を命ずることができる。

　　一　更に反復して当該行為をしてはならないこと。

　　二　更に反復して当該行為が行われることを防止するために必要な事
　　　項

　2　公安委員会は、前項の規定による命令（以下「禁止命令等」という。）
　　をしようとするときは、行政手続法（平成5年法律第88号）第13条第
　　1項の規定による意見陳述のための手続の区分にかかわらず、聴聞を
　　行わなければならない。

　3・4　（略）

　5　一の公安委員会が禁止命令等をした場合には、他の公安委員会は、
　　当該禁止命令等を受けた者に対し、当該禁止命令等に係る第3条の規
　　定に違反する行為について禁止命令等をすることができない。

【施行規則】

（禁止命令等の申出の受理）

第4条　法第5条第1項又は第3項の申出（以下「禁止命令等の申出」
　　という。）の受理は、別記様式第4号の禁止命令等申出書の提出を受
　　けることにより（当該申出が口頭によるものであるときは、別記様式
　　第4号の禁止命令等申出書に記入を求め、又は警察職員が代書するこ
　　とにより）、行うものとする。

趣旨

　本条第1項、第2項、第5項は、法第3条に違反してつきまとい等又は位置情報無承諾取得等を行い、その相手方に不安を覚えさせている者に対する公安委員会の禁止命令等について規定したものであり、平成25年改正及び28年改正を経て、現在の規定に至っている。

　法制定時には、被害者の意思を尊重すること、被害者と加害者の関係及び規制の対象となっている行為の内容等を考慮して、まずは行政指導である警告により行為者の自制を促すこととし、警告に従わないで法第3条違反行為を行うことが禁止命令等の要件の一つとされていた。これは、ストーカー事案においては、つきまとい等が元交際相手、元配偶者、知人等から行われることが多く、行為者が自らの行為がつきまとい等に該当することを自覚していないような場合もあるため、まずは警告により行為者の自覚を促して、ソフトに問題の解決を図ることとされたためである[1]。そして、警告に違反して再び法第3条違反行為が行われ、これが更に反復して行われるおそれがあると認めるときは、公安委員会が禁止命令等を発することができることとされていた。

　また、禁止命令等については、公安委員会の職権でのみ行うこととされていたが、法第3条違反行為に係る相手方の関与の強化を図るため、平成25年改正法により、公安委員会（方面公安委員会を含む。）は、当該相手方の申出によっても、禁止命令等を行うことができることとされた。

　しかしながら、ストーカー事案の中には、事態が急展開して重大事件に発展するおそれが高いものもみられることから、的確に被害者への危害を防止するために迅速かつ効果的に禁止命令等を発出することができるようにする必要性が指摘されるようになった。平成26年報告書においても、「ストーカー事案の中には事態が急展開して重大事件に発展するおそれが高いものが含まれているという特徴があり、警告や禁止命令等をより適時的確に発出でき、

---

1)　平成26年報告書5頁。

効果的に機能させるための制度的工夫が必要な状況となっている」「検討会では、……警告を前置せず禁止命令等を発出できるようにするべきとの意見……等が示された。このような意見を踏まえ、……指導警告・警告も含め、各措置の実体要件及び手続要件の在り方全体について、必要な手続を確保しつつ現場においてより迅速かつ効果的な命令を発出できるよう総合的に検討すべきである」との提言がなされていた[2]。

これらも踏まえ、平成28年改正法により、警告がなければ禁止命令等を発出できないというこれまでの制度が見直され、警告の有無にかかわらず、法第3条違反行為が行われた場合であって、更に反復して当該行為をするおそれがあると認められる場合においては、公安委員会が、相手方の申出により、又は職権で、禁止命令等を発出することができることとされた。また、警告前置は廃止されたものの、警告の制度自体は引き続き存置することとされた。これは、警告の制度はこれを受けた者の任意による自発的な行為の中止を求めるものであるが、警察による警告を受けた者の8割以上について当該警告によって行為が止まっている実態がみられ、警告それ自体につきまとい等の行為を中止させる効果が認められるためである[3]。

これにより、ストーカー事案の被害者は、加害者との関係や行われている行為等の状況に応じて、警察に対して行政指導である警告又は罰則で担保された禁止命令等での対応を選択して求めることができ、警察としても危害防止のため必要があれば、被害者の申出を待たずに公安委員会の職権で禁止命令等を行うことができることとなった。

なお、禁止命令等を求める申出は、施行規則第4条により、別記様式第4号の「禁止命令等申出書」の提出を受けることにより行うこととされており、口頭で申出があった場合には、申出者に禁止命令等申出書への記入を求める

---

2) 平成26年報告書6頁。
3) 平成26年報告書でも、平成25年4月から6月までに警察が認知したストーカー事案のうち、法に基づく警告を行った407件について効果調査を行ったところ、そのうち345件（約85%）で行為が止んだことが示されている（同報告書6頁）。

か、警察職員が代書することとされている。禁止命令等を求める申出は、法第14条第1項に規定する禁止命令等を行うこととなる公安委員会（後記解説ア参照）のいずれかが受理することとなる。

解 説

ア　禁止命令等の主体（法第5条第1項）

　禁止命令等の主体は、公安委員会である。これは、法第4条第1項の警告については、迅速に対応する必要性から警察本部長等が行うこととされているが、禁止命令等は、その相手方に対して一定の作為・不作為義務を課すものであり、違反した場合には罰則の適用があるため、その手続に慎重を期する必要があることから、公安委員会が主体とされたものである。

　禁止命令等を行う公安委員会については、法制定時は禁止命令等に係る事案に関する警告を求める申出をした者の住所地を管轄する公安委員会とされていたが、平成25年改正、28年改正を経て、当該禁止命令等に係る事案に関する第3条違反行為の相手方の住所若しくは居所、当該第3条違反行為をした者の住所（日本国内に住所がないとき又は住所が知れないときは居所）の所在地、当該法第3条違反行為が行われた地を管轄する公安委員会（禁止命令等に係る法第5条第2項の聴聞を終了しているときは、当該聴聞を行った公安委員会）が行うこととされた（法第14条第1項、第2項。後記**14**参照）。なお、禁止命令等を行うことができる公安委員会が拡大されたことに伴い、一の公安委員会が禁止命令等を行った場合には、他の公安委員会は当該禁止命令等を受けた者に対して、当該禁止命令等に係る法第3条違反行為について禁止命令等をすることができないこととされている（本条第5項）。同一事案について複数の禁止命令等が重複して発出されることがないようにされたものと解される。

　一方で、ストーカー事案の中には、事態が急展開して重大事件に発展するおそれが高いものも含まれており、禁止命令等の発出に当たっては、公安委員会の決定を得る手続に相応の時間を要するという問題があり、より迅速かつ効果的な命令を発出できるようにする必要があることが指摘されていた。

92 第2 逐条解説

平成26年報告書においても、「現行制度の問題点としては、例えば、……聴聞手続や都道府県公安委員会の決定を得る手続に相応の時間を要するといった問題がある」「禁止命令等の発出主体の見直し……も含め、……現場においてより迅速かつ効果的な命令を発出できるよう総合的に検討すべき」との提言がなされていた[4]。これらも踏まえ、平成28年改正法により、手続の慎重性の確保と迅速かつ効果的な命令の発出という2つの要請の調和を図る観点から、禁止命令等をはじめとする公安委員会の権限に属する事務を警察本部長等に委任できることとされた（法第17条。後記16参照）。

ところで、禁止命令等については、公安委員会の判断で行うのではなく裁判所などの司法機関が関与すべきではないかとの意見もあるところである。しかしながら、前述したように、一般私人に対して行政機関が一定の義務を遵守するよう命令を発出するという制度は決して異例ではなく、規制される行為及び命令の内容について法律で明確に定義されていること、その内容がそれによって達成しようとする行政目的と比較して適当なものであれば、行政機関が命令によって一般私人に一定の義務を課すこととし、当該命令違反に罰則を設けたとしても何ら問題はないであろう[5]。本法においても、規制の対象となる行為は第2条において明確に定義されており、また、本条第1項の禁止命令等の内容も、既に課されている義務（法第3条）の遵守を命ずるものであり、問題はないと考えられる。ただ、本法の事務を行う警察としては、このような意見もあることを踏まえて、国民の権利を不当に侵害しているとの批判を受けることのないよう適切な法の運用に努めなければならないであろう。

---

4) 平成26年報告書6頁。
5) 平成25年検討会においても、配偶者暴力防止法上の保護命令を裁判所が発出していることから、禁止命令等の発出主体を裁判所とすることについて議論されたが、「ストーカー事案対策では、警察が事案の全体を把握しながら警告、禁止命令、検挙措置等を組み合わせて対応を行っているところ、命令の手続のみを裁判所が行うこととすれば警察の対応に間隙が生じるおそれがあるほか、裁判所が発出する命令の方が迅速であるとは必ずしも言えないとの意見があったところであり、命令の発出主体を裁判所とすることについては、慎重な検討が必要である。」とされている（平成26年報告書6〜7頁）。

イ　命令の要件

(ア)　法第3条違反行為

　第1の要件は、法第3条違反行為があると公安委員会において認められることである。法第3条違反行為であるから、単に法第2条第1項各号に掲げるつきまとい等又は同条第3項に掲げる位置情報無承諾取得等が行われていると認められるだけでなく、行為の相手方が不安を覚えていることが必要となる（不安を覚えさせることの意義については、前記3を参照されたい。）。

　また、つきまとい等又は位置情報無承諾取得等に該当する行為が恋愛感情その他の好意の感情又はそれが満たされなかったことに対する怨恨の感情を充足する目的で行われていることの認定に関しては、行為者と行為の相手方との人間関係、行われている行為の概要（行為者の言動、送りつけられている物等）等から判断できることもあろう。

　なお、申出の時点で、既にストーカー行為が成立している場合もあると考えられるが、その場合でも行為の相手方が本条に基づく禁止命令等を求めるようなときには、当該命令を行って差し支えないと考えられる。

(イ)　更なる反復のおそれ

　第2の要件は、行為者が「更に反復して」法第3条違反行為をするおそれがある」と公安委員会において認められることである。

　更に反復して行われるおそれとは、そのまま放置すれば再度法第3条違反行為が行われるであろう可能性のことをいうものと考えられる。

　このようなおそれがあるかどうかについては、法第3条違反行為に係るつきまとい等や位置情報無承諾取得等の態様、それらが行われることとなったきっかけ、それまでに行われた回数や頻度等を総合的に勘案して判断することとなる。ただ、通常、公安委員会が法第3条違反行為を認知した時点においては、つきまとい等や位置情報無承諾取得等が複数回行われていることもあると考えられ、そのような場合には、特段の事情がない限り、更に反復して行われるおそれが認定されることとなろう。

ウ　命令の内容

　禁止命令等は、「更に反復して当該行為をしてはならないこと」（第5条第1項第1号）と「更に反復して当該行為が行われることを防止するために必要な事項」（同項第2号）を命ずるものである。同項においては、この両者が並列で掲げられているが、法の趣旨からすれば、あくまで中心となるのは第1号に係る命令であり、第2号に係る命令は付随的なものと考えられる。したがって、第1号のみ又は第1号及び第2号を内容とする命令は考えられるが、第2号のみの命令を行うことは想定されていないと考えられる（命令違反の罰則についても、第1号に係る命令違反については罰則の対象となっているものの、第2号に係る命令違反については罰則の対象となっていない。第19条参照）。

　㈠　「更に反復して当該行為をしてはならないこと」（第1号）

　「当該行為」とは、法第3条違反行為であり、つきまとい等又は位置情報無承諾取得等をして被害者に不安を覚えさせることである。実際に被害者に対して行われていた行為が法第2条第1項又は第3項に掲げる行為のいずれかに該当するものであったとしても、つきまとい等又は位置情報無承諾取得等に該当する全ての行為をして不安を覚えさせてはならないことを命ずることとなる。

　「更に反復して当該行為をしてはならない」とは、法第3条がつきまとい等又は位置情報無承諾取得等を行うことを反復の有無に関係なく単に禁止していることから、禁止命令等を受けた後、法第3条違反行為を反復して、すなわち、複数回行ってはならないことを意味するものではなく、法第3条違反行為を再度行ってはならないことを意味するものと考えられる。したがって、禁止命令等を受けた後、法第3条違反行為を1回でも行えば、当該命令に違反したこととなると考えられる。なお、禁止命令等発出の前提として法第3条違反行為がある、つまり、相手方が実際に不安を感じているのであるから、禁止命令等を受けた後、つきまとい等又は位置情報無承諾取得等のいずれかに該当する行為を再度行えば、事実上、法第3条違反行為が成立するものと考えられる。

(ｲ) 「更に反復して当該行為が行われることを防止するために必要な事項」
（第2号）

　第2号に係る命令は、「当該行為が行われることを防止するために必要な事項」を命ずるものである。一定の行為を制限する行政命令において、主たる命令に付随して、当該命令の内容が実行されることを確保するために必要な措置を併せて命ずることができるものとしている例としては、暴力団員による不当な行為の防止等に関する法律（平成3年法律第77号）第11条第1項等があり、その違反に対しては罰則も設けられている[6]。こうした罰則が設けられている付随した命令については、その内容も主たる命令の履行を確保するのに必要最小限の範囲に限定すべきものと解されるが、第2号に係る命

---

[6]　例としては、次のようなものがある。
　○　絶滅のおそれのある野生動植物の種の保存に関する法律（平成4年法律第75号）
　　　（陳列又は広告をしている者に対する措置命令）
　　第18条　環境大臣は、前条の規定に違反して希少野生動植物種の個体等の陳列又は広告をしている者に対し、陳列又は広告の中止その他の同条の規定が遵守されることを確保するため必要な事項を命ずることができる。
　　第58条　次の各号のいずれかに該当する者は、1年以下の懲役又は100万円以下の罰金に処する。
　　　一　第11条第1項若しくは第3項、第14条第1項若しくは第3項、第16条第1項若しくは第2項、第18条、第33条の12又は第40条第2項の規定による命令に違反した者
　　　二・三　（略）
　○　不当景品類及び不当表示防止法（昭和37年法律第134号）
　　第7条　内閣総理大臣は、第4条の規定による制限若しくは禁止又は第5条の規定に違反する行為があるときは、当該事業者に対し、その行為の差止め若しくはその行為が再び行われることを防止するために必要な事項又はこれらの実施に関連する公示その他必要な事項を命ずることができる。その命令は、当該違反行為が既になくなつている場合においても、次に掲げる者に対し、することができる。
　　　一　当該違反行為をした事業者
　　　二　当該違反行為をした事業者が法人である場合において、当該法人が合併により消滅したときにおける合併後存続し、又は合併により設立された法人
　　　三　当該違反行為をした事業者が法人である場合において、当該法人から分割により当該違反行為に係る事業の全部又は一部を承継した法人
　　　四　当該違反行為をした事業者から当該違反行為に係る事業の全部又は一部を譲り受けた事業者
　　2　（略）
　　第36条　第7条第1項の規定による命令に違反した者は、2年以下の懲役又は300万円以下の罰金に処する。

令に関しては罰則の対象となっていないことから、その内容もそのように限定的なものとするまでの必要はなく、命令を受けた者が命令に係る相手方に対して法第3条違反行為を行うことを防止し、その実効性を担保するものと認められる範囲であれば命令の内容とすることができると解される。ただし、第1号に係る命令と異なり、その内容があらかじめ明確になっていないことから、命令を受けた者が過度な負担なく履行できる内容とする必要があると考えられる。具体的には、相手方に行っていたつきまとい等又は位置情報無承諾取得等を継続する手段となるようなものを廃棄させる措置等、例えば、写真、ビデオテープ等を送付するなどした場合には、そのネガ、マスターテープ等を廃棄することを命ずること[7]、スマートフォンのアプリを利用して位置情報を取得していた場合にそのアプリを削除させることのほか、相手方の住所、連絡先を記録したものを廃棄させたり、警察がその後の状況を把握するために連絡を取ろうとした場合にこれに応じることを命ずること等が考えられる。

なお、罰則の対象とはなっていないものの、第2号に係る命令に違反した場合には、法第3条違反行為を再度行う危険性が現れたものと捉え、被害防止措置等を講じなければならないだろう。

　　2　（略）
○暴力団員による不当な行為の防止等に関する法律
　　（暴力的要求行為等に対する措置）
　第11条　公安委員会は、指定暴力団員が暴力的要求行為をしており、その相手方の生活の平穏又は業務の遂行の平穏が害されていると認める場合には、当該指定暴力団員に対し、当該暴力的要求行為を中止することを命じ、又は当該暴力的要求行為が中止されることを確保するために必要な事項を命ずることができる。
　　2　（略）
　第46条　次の各号のいずれかに該当する者は、3年以下の懲役若しくは500万円以下の罰金に処し、又はこれを併科する。
　　一　第11条の規定による命令に違反した者
　　二・三　（略）
7)　「『当該行為が行われることを防止するために必要な措置』とは、禁止命令の対象となっている行為を継続する手段となるようなものを廃棄させる措置等であり、具体的には、写真、ビデオテープ等を送付するなどした場合に、そのネガ、マスターテープなどを廃棄することを命ずることなどが考えられます。」（平成12年5月16日参議院地方行政・警察委員会松村龍二議員〔草案提案者〕答弁）

エ　命令の性質

　禁止命令等は、特定の者を名あて人として、これに一定の作為・不作為義務を課すものであることから、行政手続法第2条第4号に規定する不利益処分に該当する[8]。そのため、警告と異なり、行政不服審査法の不服申立て、行政事件訴訟法の取消訴訟の対象となり得ることとなる。

　したがって、公安委員会が禁止命令等を行う際には、当該命令の相手方に対して、

○　行政不服審査法第82条の規定により、

・　当該処分につき不服申立てをすることができる旨

・　不服申立てをすべき行政庁

・　不服申立てをすることができる期間（処分があったことを知った日の翌日から起算して3か月）

を書面で教示しなければならない

○　行政事件訴訟法第46条第1項の規定により、

・　当該処分に係る取消訴訟の被告とすべき者（都道府県が取消訴訟の被告となること。なお、訴訟については、警察法第80条の規定により、公安委員会が都道府県を代表する。）

・　当該処分に係る取消訴訟の出訴期間（処分があったことを知った日の翌日から起算してから6か月）

を書面で教示しなければならない

こととなる。この点、平成28年改正に伴う施行規則の改正により、禁止等命令書の様式（別記様式第8号）が改正されるとともに、禁止命令等有効期間延長処分書の様式（別記様式第9号）が新設され、それぞれの処分を行う場合の行政不服審査法や行政事件訴訟法上の書面教示の内容が不動文字で盛り込まれたことにより、当該様式を活用してこれらの教示が実施できるようにされた。

---

8)　「禁止命令等は、対象となる者に一定の義務を課するものであるところから、……不利益処分に該当するところです」（平成12年5月16日参議院地方行政・警察委員会松村龍二議員〔草案提案者〕答弁）

オ　禁止命令等と刑罰法令との関係

　警告や禁止命令等の対象となる行為が、既にストーカー行為や他の刑罰法令に触れる場合に、警告又は禁止命令等の行政措置を行うことができるかどうかが問題となる。ストーカー行為の罰則や他の法令で規定されている罰則は、既に行われた行為に対する制裁であるところ、警告又は禁止命令等は、危害防止の観点から将来に向かって一定の義務を課すことによって特定の行為が行われることを防止しようとするものであることから、両者は両立し得るものであり、犯罪として検挙するとともに、警告又は禁止命令等をすることは可能であると考えられる（ただし、警告・禁止命令等をする必要性がある場合にのみ行うべきであろう。）。

カ　事前予防と再犯防止

　禁止命令等の一義的な目的は、殺人等の重大事件に発展する前の段階で、罰則で担保された禁止命令等を行うことにより、犯罪被害を事前に予防することであるといえる。一方、犯罪として検挙された後であっても、略式命令となったり、保釈されたり、刑務所から出所したりするなど、加害者の身体拘束が解かれることとなるが、当該身体拘束が解かれた段階で、加害者が更に反復して法第3条違反行為をするおそれがあると認めるときは、検挙前に行われたつきまとい等又は位置情報無承諾取得等の行為を捉えて（既にこの行為について禁止命令等が行われていないことが必要）、禁止命令等を行うことはもとより可能であると考えられる。

　前者を「事前予防」的な禁止命令等、後者を「再犯防止」的な禁止命令等ということができるが、いずれの場合の禁止命令等も法の目的を達成する上で極めて重要であると考えられる。

キ　聴聞の実施（法第5条第2項）

　禁止命令等は不利益処分に該当するため、行政手続法第13条の規定により、命令をしようとする場合には、その名あて人となるべき者について、意見陳述のための手続を執らなければならないこととなる。同条によれば、当該命

令に関して、意見陳述のための手続として「弁明の機会の付与」を行えばよいこととなっているが、本法では、本条第2項の規定により、特に「聴聞」を行うこととされている。これは、本法で規制対象とされているつきまとい等又は位置情報無承諾取得等の内容、禁止命令等の対象者が一般私人であること等を勘案して、禁止命令等の対象者の権利保護の観点からより手厚い手続である聴聞を特に行うこととしたものと考えられる。

また、聴聞の具体的な手続については、行政手続法及び聴聞及び弁明の機会の付与に関する規則（平成6年国家公安委員会規則第26号）に従って行われることとなる。

参　考　法第5条第1項、第2項、第5項の改正経緯

○　法制定時

（禁止命令等）

第5条　公安委員会は、警告を受けた者が当該警告に従わずに当該警告に係る第3条の規定に違反する行為をした場合において、当該行為をした者が更に反復して当該行為をするおそれがあると認めるときは、当該行為をした者に対し、国家公安委員会規則で定めるところにより、次に掲げる事項を命ずることができる。

一　更に反復して当該行為をしてはならないこと。

二　更に反復して当該行為が行われることを防止するために必要な事項

2　（略）　※　現在の第2項と同じ。

3　（略）　※　現在の第15項と同じ。

100　第2　逐条解説

○　平成25年改正後
（禁止命令等）
第5条　公安委員会は、警告を受けた者が当該警告に従わずに当該警告に係る第3条の規定に違反する行為をした場合において、当該行為をした者が更に反復して当該行為をするおそれがあると認めるときは、当該警告に係る前条第1項の申出をした者の申出により、又は職権で、当該行為をした者に対し、国家公安委員会規則で定めるところにより、次に掲げる事項を命ずることができる。
　一　更に反復して当該行為をしてはならないこと。
　二　更に反復して当該行為が行われることを防止するために必要な事項
2　（略）　※　現在の第2項と同じ。
3　（略）　※　現在の第5項と同じ。

5－2 緊急時の禁止命令等（法第5条第3項、第4項）

（禁止命令等）

第5条　（略）

2　（略）

3　公安委員会は、第1項に規定する場合において、第3条の規定に違反する行為の相手方の身体の安全、住居等の平穏若しくは名誉が害され、又は行動の自由が著しく害されることを防止するために緊急の必要があると認めるときは、前項及び行政手続法第13条第1項の規定にかかわらず、聴聞又は弁明の機会の付与を行わないで、当該相手方の申出により（当該相手方の身体の安全が害されることを防止するために緊急の必要があると認めるときは、その申出により、又は職権で）、禁止命令等をすることができる。この場合において、当該禁止命令等をした公安委員会は、意見の聴取を、当該禁止命令等をした日から起算して15日以内（当該禁止命令等をした日から起算して15日以内に次項において準用する同法第15条第3項の規定により意見の聴取の通知を行った場合にあっては、当該通知が到達したものとみなされる日から14日以内）に行わなければならない。

4　行政手続法第3章第2節（第28条を除く。）の規定は、公安委員会が前項後段の規定による意見の聴取を行う場合について準用する。この場合において、同法第15条第1項中「聴聞を行うべき期日までに相当な期間をおいて」とあるのは「速やかに」と、同法第26条中「不利益処分の決定をするときは」とあるのは「ストーカー行為等の規制等に関する法律（平成12年法律第81号）第5条第3項後段の規定による意見の聴取を行ったときは」と、「参酌してこれをしなければ」とあるのは「考慮しなければ」と読み替えるほか、必要な技術的読替えは、政令で定める。

※　第4項後段及び施行令第4条の規定による「読替後の行政手続法」については、後記「**第3　参考資料**」の4を参照。

趣 旨

　法第5条第3項及び第4項は、緊急時の禁止命令等について定めたものであり、平成28年改正によりそれまでの仮の命令制度に代わり新たに設けられた規定である。

　法では、公安委員会が禁止命令等を発出しようとするときは、聴聞を行わなければならないこととされたが、この点、聴聞を行うに当たっては、聴聞を行うべき期日までに相当な期間を置いて、加害者に対し、書面により通知しなければならないことから、一定の時間を要する。また、加害者の所在が判明しない場合においては、この通知を、行政庁の事務所の掲示場に2週間掲示することによって行うことができるが、更に時間を要することとなる（行政手続法第15条）。

　しかしながら、被害者の身体の安全等が害されることを防止するために緊急の必要があるにもかかわらず、常に聴聞手続を踏まなければならないとすると、事案に迅速に対応することができない場合がある。

　そこで、制定時の法においては、警察本部長等は、被害者から警告の申出を受けた場合において、法第3条違反行為（法第2条第1項第1号に掲げる行為に係るものに限る。）があり、かつ、当該行為をした者が更に反復して当該行為をするおそれがあると認めるとともに、「当該申出をした者の身体の安全、住居等の平穏若しくは名誉が害され、又は行動の自由が著しく害されることを防止するために緊急の必要があると認めるとき」は、加害者に対し、聴聞を経ずに、「仮の命令」を発出することができることとされていた。

　しかしながら、仮の命令は、平成12年の法の施行後、27年までに3件しか発出されておらず、その理由としては、

- ○　対象行為が制定時の法第2条第1項第1号に掲げる行為（つきまとい、待ち伏せ、立ちふさがり、見張り又は押し掛け）に限定されていたこと
- ○　仮の命令違反に罰則が設けられていなかったこと
- ○　効力が15日間しかなく、改めて禁止命令等を発出する必要があったこと

が挙げられた。

平成26年報告書においても、「仮の命令については、対象行為が限定され、違反が罰則で担保されていないことに加え、15日間の効力しかなく、事後に禁止命令等の手続を行うことになることなどから、事実上ほとんど使われていない[9]。こうした現状に鑑みれば、より迅速性を持ち、かつ、抑止効果と手続的な公正も保つような制度が求められている」との指摘がなされるとともに、「警告・禁止命令等とは別に、罰則で担保され緊急的に発出できる命令制度を設け、その場合には手続を簡素化すべきであるという意見等が示された。このような意見を踏まえ、……緊急時に迅速に命令が発出できる仕組み等、指導警告・警告も含め、各措置の実体要件及び手続要件の在り方全体について、必要な手続を確保しつつ現場においてより迅速かつ効果的な命令を発出できるよう総合的に検討すべきである」との提言がなされた[10]。

これらも踏まえ、平成28年改正法で、被害者の身体の安全等が害されることを防止する必要がある緊急の事態にも対処できるよう、仮の命令制度が廃止され、事前の聴聞を行わずに禁止命令等を行い、事後的に意見の聴取を行う制度が新設された。

解　説

ア　緊急時の禁止命令等の要件

緊急時の禁止命令等（以下「緊急禁止命令等」という。）は、法第3条違反行為があることに加え、「相手方の身体の安全、住居等の平穏若しくは名誉が害され、又は行動の自由が著しく害されることを防止するために緊急の必要がある」と認められること、相手方からの「申出」があることが要件となっている。

---

9) 「平成25年中のストーカー事案の認知件数21,089件に対し、警告発出件数は2,452件、禁止命令等発出件数は103件、仮の命令の発出件数は0件である」（平成26年報告書6頁）
10) 平成26年報告書6頁。

104 第2 逐条解説

「相手方の身体の安全、住居等の平穏若しくは名誉が害され、又は行動の自由が著しく害されることを防止するために緊急の必要があると認めるとき」とは、行為の態様、頻度、期間及び被害者の心情（感じている不安の程度）等から判断して、早急に禁止命令等を行わなければ、被害者に対する危害が発生するおそれが強く、聴聞という事前手続を経て当該命令を行う時間的余裕がないと認められる場合をいい、例えば、直近において急につきまとい等の頻度、程度等が悪化した場合等がこれに当たると考えられる[11]。

さらに、「相手方の身体の安全が害されることを防止するために緊急の必要があると認めるとき」には、相手方の申出がなくとも、公安委員会が職権で緊急禁止命令等を行うことができることとされている。特に生命・身体の保護を図る必要性に着目したものと解されるが、具体的には、行為者と被害者が直接に接近するような態様でのつきまとい等が行われている場合や、行為者と被害者が直接に接近するような態様でなくとも、例えば、メールや電話等の内容や、位置情報無承諾取得等の状況から、殺人、傷害、暴行等の被害者の身体等に直接向けられた犯罪に結びつく危険性が高いと認められるような場合等がこれに当たると考えられる。

なお、緊急禁止命令等の申出は、施行規則第4条の規定により、別記様式第4号の禁止命令等申出書の提出を受けることにより（当該申出が口頭によるものであるときは、禁止命令等申出書に記入を求め、又は警察職員が代書することにより）、行うものとされている。

---

11)「緊急の場合でと、これは5条のところでありますけれども、事前の聴聞等を行うことなく禁止命令等を発出できることとしておりますけれども、これに該当するか否かというところにつきましては、つきまとい等の行為の態様、頻度、期間、被害者が感じていらっしゃる不安の程度といったことなどから、早急につきまとい等をやめさせなければ被害者に対して危害が発生するおそれが強い、そういうことが認められるかどうかというところをしっかりと見ていっていただくことを警察に期待しております」（平成28年11月30日衆議院内閣委員会山本香苗参議院議員答弁）

イ　事後の意見の聴取手続

　公安委員会が緊急禁止命令等を行った場合において事後的に意見の聴取を行うことが義務付けられ、当該命令の適法性・妥当性を確認する機会が設けられたのは、そのようにすることが憲法第31条の定める適正手続保障の精神に沿うものであると考えられたためである。事前に聴聞を行うべきものを事後化する以上、早期に意見聴取を行う必要があるところ、これまで、仮の命令をした日から起算して15日以内に意見の聴取を行うこととされていたことを踏まえ、「15日」以内に行わなければならないこととされたものである。

　この点、事後の意見の聴取手続については、法第5条第4項の規定において行政手続法第3章第2節の規定を準用していることから、行為者が、事後の意見の聴取に正当な理由なく出頭せず、かつ、陳述書等を提出しない場合には、意見の聴取の主宰者は、行為者に改めて意見を述べる等の機会を与えることなく、意見の聴取の手続を終結することができる。この場合、意見の聴取の手続の主宰者は、行為者が不出頭であったことも踏まえて調書及び報告書を作成し、公安委員会に提出することとなる。

　また、同法の準用の際の読替規定が設けられており、公安委員会は、意見の聴取を行うに当たって、「速やかに」行為者に書面による通知を行うことが求められているほか、公安委員会は、意見の聴取を行ったときは、主宰者が作成した調書の内容及び報告書に記載された主宰者の意見を「考慮しなければ」ならないこととされ、公安委員会は、当該調書の内容や報告書に記載された主宰者の意見を考慮して、緊急禁止命令等が不当なものでなかったかどうかを判断することとなる。

　なお、意見の聴取の実施に関しては、ストーカー行為等の規制等に関する法律の規定に基づく意見の聴取の実施に関する規則（平成12年国家公安委員会規則第19号）が定められている。

106　第2　逐条解説

参　考　旧第6条（仮の命令）

○　法制定時

（仮の命令）

第6条　警察本部長等は、第4条第1項の申出を受けた場合において、
当該申出に係る第3条の規定に違反する行為（第2条第1項第1号に
掲げる行為に係るものに限る。）があり、かつ、当該行為をした者が
更に反復して当該行為をするおそれがあると認めるとともに、当該申
出をした者の身体の安全、住居等の平穏若しくは名誉が害され、又は
行動の自由が著しく害されることを防止するために緊急の必要がある
と認めるときは、当該行為をした者に対し、行政手続法第13条第1項
の規定にかかわらず、聴聞又は弁明の機会の付与を行わないで、国家
公安委員会規則で定めるところにより、更に反復して当該行為をして
はならない旨を命ずることができる。

2　一の警察本部長等が前項の規定による命令（以下「仮の命令」とい
う。）をした場合には、他の警察本部長等は、当該仮の命令を受けた
者に対し、当該仮の命令に係る第3条の規定に違反する行為について
警告又は仮の命令をすることができない。

3　仮の命令の効力は、仮の命令をした日から起算して15日とする。

4　警察本部長等は、仮の命令をしたときは、直ちに、当該仮の命令の
内容及び日時その他当該仮の命令に関する事項で国家公安委員会規則
で定めるものを公安委員会に報告しなければならない。

5　公安委員会は、前項の規定による報告を受けたときは、当該報告に
係る仮の命令があった日から起算して15日以内に、意見の聴取を行わ
なければならない。

6　行政手続法第3章第2節（第28条を除く。）の規定は、公安委員会
が前項の規定による意見の聴取（以下「意見の聴取」という。）を行
う場合について準用する。この場合において、同法第15条第1項中「聴

聞を行うべき期日までに相当な期間をおいて」とあるのは「速やかに」と読み替えるほか、必要な技術的読替えは、政令で定める。

7　公安委員会は、仮の命令に係る第3条の規定に違反する行為がある場合において、意見の聴取の結果、当該仮の命令が不当でないと認めるときは、行政手続法第13条第1項の規定及び前条第2項の規定にかかわらず、聴聞を行わないで禁止命令等をすることができる。

8　前項の規定により禁止命令等をしたときは、仮の命令は、その効力を失う。

9　公安委員会は、第7項に規定する場合を除き、意見の聴取を行った後直ちに、仮の命令の効力を失わせなければならない。

10　仮の命令を受けた者の所在が不明であるため第6項において準用する行政手続法第15条第3項の規定により意見の聴取の通知を行った場合の当該仮の命令の効力は、第3項の規定にかかわらず、当該仮の命令に係る意見の聴取の期日までとする。

11　前各項に定めるもののほか、仮の命令及び意見の聴取の実施に関し必要な事項は、国家公安委員会規則で定める。

108 第2 逐条解説

5-3 禁止命令等に係る通知（法第5条第6項、第7項）

（禁止命令等）

第5条 （略）

2～5 （略）

6 公安委員会は、第1項又は第3項の申出を受けた場合において、禁止命令等をしたときは、速やかに、当該禁止命令等の内容及び日時を当該申出をした者に通知しなければならない。

7 公安委員会は、第1項又は第3項の申出を受けた場合において、禁止命令等をしなかったときは、速やかに、その旨及びその理由を当該申出をした者に書面により通知しなければならない。

【施行規則】

（禁止命令等に係る通知の書面）

第5条 法第5条第7項の規定による通知は、別記様式第5号の通知書により行うものとする。

趣 旨

　法第5条第6項及び第7項は、禁止命令等をしたとき、あるいは、しなかったときにおける申出者への通知について規定したものであり、平成25年改正法により、警告についての通知に係る規定と併せて、新たに追加された規定である。禁止命令等をした、又はしなかった旨等を申出者に知らせることにより、申出者が状況を把握し、その不安感を解消するとともに、被害防止措置等を講じることを促すためのものと考えられる。

5 禁止命令等（法第5条） 109

解説

　公安委員会は、禁止命令等をしたときは、速やかに、その内容及び日時を当該命令を求める旨の申出をした者に通知しなければならない。この点、「書面により」と規定されていないことから、当該通知については、口頭で足りると考えられるが、被害防止のための援助（法第7条）として書面の交付を求められれば、援助の措置として禁止命令等を実施したことを明らかにする書面を交付することとなる（施行規則第15条第7号）。

　また、禁止命令等をしなかったときは、速やかに、その旨及び理由を当該命令を求める旨の申出をした者に書面により通知しなければならないこととされた。禁止命令等をしなかった理由を書面で明確にすることにより、不安感を解消するためと考えられる。通知は、施行規則第5条で規定する別記様式第5号の通知書により行うものとされており、申出者に直接手渡すことが望ましいと考えられるが、通知書を直接手渡すことが困難な場合には、郵便物を配達した事実が記録される手法を用いるなどして、郵便等により送達して行うことも可能であると考えられる。

110　第2　逐条解説

5－4　禁止命令等の有効期間・延長制度（法第5条第8項～第10項）

（禁止命令等）

第5条　（略）

2～7　（略）

8　禁止命令等の効力は、禁止命令等をした日から起算して1年とする。

9　公安委員会は、禁止命令等をした場合において、前項の期間の経過後、当該禁止命令等を継続する必要があると認めるときは、当該禁止命令等に係る事案に関する第3条の規定に違反する行為の相手方の申出により、又は職権で、当該禁止命令等の有効期間を1年間延長することができる。当該延長に係る期間の経過後、これを更に延長しようとするときも、同様とする。

10　第2項の規定は禁止命令等の有効期間の延長をしようとする場合について、第6項及び第7項の規定は前項の申出を受けた場合について準用する。この場合において、第6項中「禁止命令等を」とあるのは「第9項の規定による禁止命令等の有効期間の延長の処分を」と、「当該禁止命令等の」とあるのは「当該処分の」と、第7項中「禁止命令等」とあるのは「第9項の規定による禁止命令等の有効期間の延長の処分」と読み替えるものとする。

【施行規則】

（禁止命令等有効期間延長処分の申出の受理）

第8条　法第5条第9項の申出の受理は、別記様式第6号の禁止命令等有効期間延長処分申出書の提出を受けることにより（当該申出が口頭によるものであるときは、別記様式第6号の禁止命令等有効期間延長処分申出書に記入を求め、又は警察職員が代書することにより）、行うものとする。

5 禁止命令等（法第5条） 111

> **（禁止命令等有効期間延長処分に係る通知の書面）**
> **第9条** 法第5条第10項において準用する同条第7項の規定による通知
> は、別記様式第7号の通知書により行うものとする。

趣 旨

　第8項から第10項までは、禁止命令等の有効期間・延長制度について定め
たものである。

　禁止命令等は、それ自体が違法な行為である法第3条違反行為を更に反復
してはならないことを内容とするものであり、法制定時にはその有効期間が
定められていなかったところである。

　しかしながら、禁止命令等は、法第3条違反行為の反復のおそれがある場
合にその再発を防止するために発出されるものであるところ、当該おそれが
なくなった場合にも命令の効力が存続することは、行為者を法的に不安定な
状態に置くこと、そして、命令に違反した場合には罰則の適用があるため、
終期を明らかにしておくことが構成要件の明確性という点でより妥当である
と考えられること等から、平成28年改正で禁止命令等に有効期間を設けるこ
ととされ、1年ごとに効力の延長の要否を判断することとされた。

解 説

　禁止命令等の有効期間が1年とされたのは、通常、つきまとい等は一定期
間反復・継続して行われており、概ね1年間の禁止期間をもってすれば、一
般的には、その者の再発行為が認められなかったとみることができることに
よる[12]。

12）　警察庁が調査したところによると、平成25年中に禁止命令等違反で検挙された事
　　例において、禁止命令等が発出されてから最初の命令違反行為日までの日数は、平均
　　して約109日、最長で298日であった。

禁止命令等の有効期間の延長の処分（延長処分）を行うことができる主体は、条文上、「公安委員会は、禁止命令等をした場合において」と規定されていることから、元となる禁止命令等を発出した公安委員会に限られると考えられる。各公安委員会は、それぞれ別個独立の行政機関であり、ある公安委員会が行った行政処分について、他の公安委員会が延長することができることを可能とするためには法的根拠が必要であると考えられるが、上記の条文の文言からは、そのような解釈を行うことは困難であろう。

「禁止命令等を継続する必要があると認めるとき」とは、「更に反復して法第3条違反行為が行われるおそれがあると認められるとき」であると解され、これに当たるかどうかは、元となる禁止命令等の原因となった行為の態様、行為者の性格、当該命令を受けた後の行為者の様子や具体的な言動等を総合的に勘案して、個別具体的に判断されることとなる。

この点、禁止命令等の有効期間中、当該命令に違反する行為が実際に行われる必要はないことはもとより、禁止命令等の有効期間中に、行為者が再び法第3条違反行為を行うことをうかがわせる言動をしている等の具体的な状況がなくとも、例えば、行為者が極めて執拗な性格をしており、禁止命令等の発出前に「有効期間が経過したら、必ず被害者に会いにいく」と周囲にもらしていた場合等、再び法第3条違反行為が行われるおそれがあると認められる場合には、延長処分をすることもあり得ると考えられる。

延長処分は、元となる禁止命令等に係る行為の相手方からの申出により、又は公安委員会の職権で行うこととなる。申出の受理は、施行規則第8条の規定により、別記様式第6号の禁止命令等有効期間延長処分申出書の提出を受けることにより（当該申出が口頭によるものであるときは、禁止命令等有効期間延長処分申出書に記入を求め、又は警察職員が代書することにより）、行うものとされている。延長処分は回数の制限が設けられておらず、継続する必要があると認められれば複数回の延長も可能となっている。

なお、延長処分については、法第5条第2項の規定を準用することとされていることから、延長処分に当たっては、行政手続法に基づく聴聞を行うことが必要となる。また、同条第6項及び第7項の規定も準用することとされ

ていることから、元となる禁止命令等に係る行為の相手方から延長処分に係る申出を受けた場合には、延長処分をしたときはその内容及び日時を、延長処分をしなかったときはその旨及びその理由を、それぞれ申出者に通知しなければならない（後者の場合には、施行規則第9条に規定する別記様式第7号の通知書により行うこととされている。）。

114 第2 逐条解説

5-5 禁止命令等、延長処分の方法 (法第5条第11項～第15項)

第5条 (略)

2～10 (略)

11 禁止命令等又は第9項の規定による禁止命令等の有効期間の延長の
処分は、国家公安委員会規則で定める書類を送達して行う。ただし、
緊急を要するため当該書類を送達するいとまがないときは、口頭です
ることができる。

12 前項の規定により送達すべき書類について、その送達を受けるべき
者の住所及び居所が明らかでない場合には、当該禁止命令等又は当該
処分をする公安委員会は、その送達に代えて公示送達をすることがで
きる。

13 公示送達は、送達すべき書類の名称、その送達を受けるべき者の氏
名及び公安委員会がその書類をいつでも送達を受けるべき者に交付す
る旨を当該公安委員会の掲示板に掲示して行う。

14 前項の場合において、掲示を始めた日から起算して2週間を経過し
たときは、書類の送達があったものとみなす[13]。

15 前各項に定めるもののほか、禁止命令等、第3項後段の規定による
意見の聴取及び第11項の規定による送達の実施に関し必要な事項は、
国家公安委員会規則で定める。

---

13) 第13項及び第14項は、デジタル社会の形成を図るための規制改革を推進するため
のデジタル社会形成基本法等の一部を改正する法律 (令和5年法律第63号) により、
次のように改正されており、令和8年6月15日までに施行されることとなっている。
13 公示送達は、送達すべき書類の名称、その送達を受けるべき者の氏名及び公安委
員会がその書類をいつでも送達を受けるべき者に交付する旨 (以下この項において
「公示事項」という。) を国家公安委員会規則で定める方法により不特定多数の者が
閲覧することができる状態に置くととともに、公示事項が記載された書面を当該公
安委員会の掲示板に掲示し、又は公示事項を当該公安委員会の庁舎に設置した電子
計算機の映像面に表示したものの閲覧をすることができる状態に置く措置をとるこ
とにより行う。
14 前項の場合において、同項の規定による措置を開始した日から起算して2週間を
経過したときは、書類の送達があったものとみなす。

【施行規則】

（命令等の送達に係る書類）

第10条　法第5条第11項の国家公安委員会規則で定める書類は、次の各号に掲げる区分に応じ、当該各号に定めるとおりとする。

一　法第5条第1項又は第3項の規定による禁止命令等（以下「禁止命令等」という。）　別記様式第8号の禁止等命令書

二　法第5条第9項の規定による禁止命令等の有効期間の延長の処分（以下「禁止命令等有効期間延長処分」という。）　別記様式第9号の禁止命令等有効期間延長処分書

（書類の送達）

第11条　法第5条第11項の規定により送達する書類は、交付送達により、その送達を受けるべき者の住所又は居所（事務所及び事業所を含む。以下この条において同じ。）に送達するものとする。ただし、交付送達により送達することができないやむを得ない事情があるときは、郵便又は民間事業者による信書の送達に関する法律（平成14年法律第99号）第2条第6項に規定する一般信書便事業者若しくは同条第9項に規定する特定信書便事業者による同条第2項に規定する信書便による送達により、その送達を受けるべき者の住所又は居所に送達することができる。

（交付送達）

第12条　交付送達は、警察職員が、前条の規定により送達すべき場所において、その送達を受けるべき者に書類を交付して行うものとする。ただし、その者に異議がないときは、その他の場所において交付することができる。

2　次の各号に掲げる場合のいずれかに該当するときであって、送達を受けるべき者に書類を交付しないで当該書類を送達すべき差し迫った必要があるときは、交付送達は、前項の規定による交付に代え、それぞれ当該各号に定める行為により行うことができる。

一　送達すべき場所において書類の送達を受けるべき者に出会わない

116　第2　逐条解説

　　　場合　その使用人その他の従業者又は同居の者で書類の受領につい
　　　て相当のわきまえのあるものに書類を交付すること。
　　二　書類の送達を受けるべき者その他前号に規定する者が送達すべき
　　　場所にいない場合又はこれらの者が正当な理由がなく書類の受領を
　　　拒んだ場合　送達すべき場所に書類を差し置くこと。
　（公示送達の方法）
第13条　法第15条及びストーカー行為等の規制等に関する法律施行令
　　（平成12年政令第467号）第5条の規定により方面公安委員会が行う禁
　　止命令等又は禁止命令等有効期間延長処分に係る法第5条第12項の規
　　定による公示送達については、法第5条第13項の規定による掲示は、
　　当該方面公安委員会の掲示板において行うものとする。

趣　旨

　第11項から第14項までの規定は、禁止命令等又は延長処分の方法について
定めるもので、令和3年改正法で新たに規定された。

　改正前は、禁止命令等又は延長処分は、それぞれ禁止等命令書又は禁止命
令等有効期間延長処分書を交付して行うこととされており、実務上、行為者
にこれらを手交して実施していた。しかしながら、行為者が警察との接触を
回避したり、行為者の所在が不明となり、禁止等命令書等の交付が困難とな
る事態も生じていた[14]。このような場合においても禁止命令等又は延長処分
の効力を発生、継続させることで相手方の保護の万全を図ることができるよ
う、禁止命令等又は延長処分を書類を送達して行うこととするとともに、公
示送達の規定が整備された。

---

14)　例えば、「行為者が警察からの架電を無視したため、行為者との接触に至るまでに
　　時間を要し、面接時にあっても、行為者が処分書の受け取りを拒否するなどしたため、
　　説得後に同書を交付する必要が生じ、最終的に同書を交付するまでにさらに時間を要
　　したもの。」や、「留置中に禁止命令を発出した被疑者が釈放後所在不明となったため、
　　禁止命令の有効期間を延長することができなかったもの。」といった事例があった（令
　　和2年検討会第2回〔同年11月27日〕配布資料5）。

5 禁止命令等（法第5条） 117

解説

ア 書類の送達（第11項）

(ア) 送達する書類

禁止命令等又は延長処分は、「国家公安委員会規則で定める書類を送達」して行うこととされている。

「書類」については、施行規則第10条で、禁止等命令書（別記様式第8号）、禁止命令等有効期限延長処分書（別記様式第9号）が定められている。

また、「緊急を要するため当該書類を送達するいとまがないとき」は、口頭で禁止命令等又は延長処分を行うことができることとされている。「緊急を要するため当該書類を送達するいとまがないとき」とは、警察組織内部の意思決定は済んでいるものの、再度法第3条違反行為が行われる危険性が真に切迫しており、禁止等命令書等を作成し、行為者に送達する時間的な余裕がない場合をいうと考えられる。ただし、例外的に口頭で禁止命令等又は延長処分を行った場合には、できるだけ速やかに禁止等命令書等を送達する必要があると考えられる。

(イ) 交付送達（施行規則第11条、第12条）

「送達」の方法は、「交付送達」を原則とし、その送達を受けるべき者の「住所又は居所（事務所及び事業所を含む。）」に送達することとされている（施行規則第11条）。「住所」とは、人が生活の本拠とする場所のことをいい、「居所」とは、人が多少の期間継続して居住している場所であるが、その場所とその人の生活との結びつきが住所と比して密接でないものをいう。「事務所」とは、事務的な業務の運営をつかさどるところのことをいい、「事業所」とは、行う業務の種類に着目して、主として技術的な業務の運営をつかさどるところのことをいう[15]。

---

15) 角田禮次郎ほか編『法令用語辞典［第10次改訂版］』（学陽書房、2016年）。

118 第2 逐条解説

　「交付送達」の方法は、警察職員が、上記送達すべき場所において、その送達を受けるべき者に「書類を交付して」行うこととされている（施行規則第12条第1項）。行為者に対し、禁止命令等又は延長処分がなされていることを確実に認識させるとともに、その機会を利用して行為者に対して指導等を行うことによる抑止効果が期待できることから、行為者に書類を交付して行うこととされた[16]。また、送達を受けるべき者に異議がないときは、その住所又は居所以外の場所において交付することができることとされており（同項ただし書）、警察署等で交付することも可能となっている。

　なお、禁止等命令書等の送達のために行為者の住所等に警察職員が赴いた際に、行為者が不在にしている又は禁止等命令書等の受領を拒否することも想定されるため、「送達を受けるべき者に書類を交付しないで当該書類を送達すべき差し迫った必要があるとき」は、

　○　使用人や同居の者がいる場合には、それらの者に書類を送達すること

　○　誰もおらず、又は受領を拒否する場合には、書類を差し置くこと

で交付送達を行うことを可能としている（施行規則第12条第2項）。

　「送達を受けるべき者に書類を交付しないで当該書類を送達すべき差し迫った必要があるとき」とは、行為者による行為の態様、頻度、期間等から判断して、早急に対応しなければつきまとい等や位置情報無承諾取得等が行われるおそれが強いと判断される場合が該当すると考えられる。例えば、行

---

16)　法改正時の国会審議では、「現在、禁止命令等は、国家公安委員会規則において定めるところにより、禁止命令等の対象者に対する処分の感銘力や抑止効果を踏まえて、禁止等命令書を交付して行っているところでございます。今回の改正後、禁止命令等は書類を送達して行う旨を明文で規定するとともに、禁止命令等の対象者の住所及び居所が明らかでない場合には公示送達を可能とするものであるところ、禁止命令等の対象者に対する感銘力や抑止効果を踏まえまして、引き続き原則として当該命令書を交付して行うことを検討してまいりたいと考えております。」（令和3年4月8日参議院内閣委員会小田部耕治警察庁生活安全局長答弁）とされている。さらに、議決に際し、「禁止命令等を書類の送達で行うことにより、従来の直接交付の場合に比べて迅速な対応が困難となる事案も生じうることから、犯罪抑止効果が弱まることのないよう、十分留意すること」（令和3年4月8日参議院内閣委員会）、「禁止命令等の方法については、犯罪抑止効果を高めるため、従来どおり原則として直接交付によって行うこと」（令和3年5月12日衆議院内閣委員会）との附帯決議もなされている。

為者の住所等を複数回訪問したものの、行為者が不在又は不在を装うために書類を交付できない中、行為者のつきまとい等や位置情報無承諾取得等が継続していたり、再度行われるおそれがあると認められるといった場合が該当すると考えられるが、個別具体的な事案に応じて必要性を判断することとなる。

「送達すべき場所において書類の送達を受けるべき者に出会わない場合」とは、書類を送達すべき者の住所又は居所において、同人に出会わない場合であり、その理由や事情は問わない。「その使用人その他の従業者」とは、行為者に使用されて、その業務に従事している者であり、「同居の者」とは、行為者と同居して生活を共にしている者のことをいい、親族又は生計を一にしている者であることまでは要さない。「相当のわきまえのあるもの」とは、送達の意義を理解し、受領した書類を行為者に交付することを期待し得る程度の能力を備えている者のことをいう（施行規則第12条第2項第1号）[17]。

「送達すべき場所に書類を差し置く」とは、行為者が書類の内容を了知し得る状態に置くことが必要であり、例えば、

○　行為者の住居の玄関内に禁止等命令書等を置く

○　行為者の住居のポストに禁止等命令書等を投函する

○　行為者の住居の玄関ドアに備え付けられた新聞受けに禁止等命令書等を投函する

などして行うことが適当であると考えられる（施行規則第12条第2項第2号）[18]。

---

[17]　民事訴訟法（平成8年法律第109号）第106条第1項及び第2項、国税通則法（昭和37年法律第66号）第12条第5項第1号、地方税法（昭和25年法律第226号）第20条第3項第1号並びに暴力団員による不当な行為の防止等に関する法律施行規則（平成3年国家公安委員会規則第4号）第48条第2項第1号における「相当のわきまえのあるもの」と同義である。

[18]　民事訴訟法第106条第3項、国税通則法第12条第5項第2号、地方税法第20条第3項第2号及び暴力団員による不当な行為の防止等に関する法律施行規則第48条第2項第2号における「送達すべき場所に書類を差し置く」と同義である。

120　第2　逐条解説

㈡　信書便による送達（施行規則第11条ただし書）

　禁止等命令書又は禁止命令等有効期間延長処分書を交付送達することができないやむを得ない事情があるときは、一般信書便事業者又は特定信書便事業者の信書便により、行為者の住所又は居所に送達することができることとされている。「交付送達により送達することができないやむを得ない事情があるとき」とは、行為者の住所又は居所は明らかであるものの、禁止等命令書等を直接手交することができないやむを得ない事情がある場合をいう。

イ　公示送達（第12項～第14項）

　行為者の住所及び居所が明らかでない場合には、禁止等命令書又は禁止命令等有効期間延長処分書の送達に代えて、公示送達をすることができることとされている。行為者に対して禁止等命令書等を交付できなければ、禁止命令等又は延長処分の効力を発生させることができないことから、そのような場合でも、公示送達により禁止命令等又は延長処分の効力を発生させ、相手方の保護の万全を期することとしたものである。

　公示送達は、送達すべき書類の名称、その送達を受けるべき者の氏名及び公安委員会がその書類をいつでも交付する旨を当該公安委員会の掲示板（方面公安委員会が禁止命令等又は延長処分を行う場合には、当該方面公安委員会の掲示板。施行規則第13条）に掲示して行うこととされており、掲示を始めた日から起算して2週間を経過すれば、書類の送達があったものとみなされ、当該書類に係る処分の効力が発生することとなる[19]。

---

19)　前掲注13)　参照。

6　ストーカー行為等に係る情報提供の禁止（法第6条）

（ストーカー行為等に係る情報提供の禁止）

第6条　何人も、ストーカー行為又は第3条の規定に違反する行為（以下「ストーカー行為等」という。）をするおそれがある者であることを知りながら、その者に対し、当該ストーカー行為等の相手方の氏名、住所その他の当該ストーカー行為等の相手方に係る情報でストーカー行為等をするために必要となるものを提供してはならない。

趣　旨

　ストーカー事案の行為者は、被害者に対する執着心や支配意識が非常に強い場合が多く、様々な手段を用いてその住所等に関する情報を入手した上で、つきまとい等を行う傾向にある。そうした中で、行為者が第三者に依頼の上、被害者の個人情報を取得するケースも多くあり、その結果、重大事件に発展した事例も見られる。

　平成26年報告書においても、「ストーカーの被害者等に関する情報がストーカー行為者に渡ることを防止するための措置について検討すべきである」とされた[1]。

　これらも踏まえ、平成28年改正法により本条が新たに設けられ、ある者がストーカー行為に利用することを知っていながら、当該者に対して、被害者の居場所等の特定につながるような情報等を提供する行為を禁止し、こうした行為が違法なものであることを法律上明確に位置付けることとされた。

　もとより、こうした行為については、情報提供を受けた者がストーカー行為や禁止命令等に違反する行為を実行するに至った場合には、通常、ストーカー行為罪等の幇助に当たるものと考えられるが、上記の法律上の位置付けを与えることで、社会に対する警鐘効果が期待できると考えられたのである。

---

1)　平成26年報告書13頁。

122 第2 逐条解説

解説

ストーカー行為等をする「おそれがある者であることを知りながら」とは、情報提供者において、被提供者にその情報を提供すれば、その者がストーカー行為等を行う蓋然性があることについて確定的に認識していた場合はもとより、情報提供者と被提供者との関係、被提供者の日常の状況、言動等から総合的に判断して、情報提供者が、未必的にせよ認識していたと認められる場合がこれに当たると考えられる[2]。例えば、情報提供者において、被提供者が警告や禁止命令等を受けた事実を知っている場合のほか、被提供者がストーカー行為等をする意向である旨を聞いている場合には、「おそれがある者であることを知りながら」に該当する可能性が高いと考えられる。

「ストーカー行為等をするために必要となるもの」とは、法第2条第1項各号のつきまとい等又は第3項各号の位置情報無承諾取得等を行うために必要となる情報をいい、例えば、相手方の通学先・勤務先・避難先等の情報、通勤・通学の経路、電話番号、ファクシミリ番号、メールアドレス、SNSのアカウント名、所有車両の車両番号、駐車場所等がこれに当たると考えられる。

なお、どのような場合に本条違反となるかは、個別の事案ごとに判断する必要があるが、例えば、

○ 行為者から情報収集の依頼を受けた者が、ストーカー行為をする旨の意向を聞き、当該行為を行うおそれがあることを知っていたにもかかわらず、その依頼に応じて被害者の住所等を突き止めた上で、行為者にその情報を伝えた場合

○ 行為者の友人が、加害者が過去に警察の口頭警告や法に基づく警告を受けたことを知っていたにもかかわらず、行為者の依頼に応じて被害者の住所等を突き止めた上で、行為者にその情報を伝えた場合

---

[2] 刑法第19条第2項、第96条の2、第152条等の知情性の要件についても、確定的な認識であることを要せず、未必的なもので足りると解されている（大塚仁ほか編『大コンメンタール刑法［第3版］第1巻』、同第6巻、同第8巻〔青林書院、2014〜2015年〕における各条の解説参照）。

6　ストーカー行為等に係る情報提供の禁止（法第6条）　123

○　インターネット上の掲示板に、ストーカー行為をすることを表明した
　上で特定の人物の住所等の情報を求める書き込みがあることを知り、そ
　れに応じて、当該特定の人物の住所等の情報を提供した場合
には本条違反となると考えられる。

124 第2 逐条解説

7 警察本部長等の援助等（法第7条）

（警察本部長等の援助等）

第7条 警察本部長等は、ストーカー行為等の相手方から当該ストーカー行為等に係る被害を自ら防止するための援助を受けたい旨の申出があり、その申出を相当と認めるときは、当該相手方に対し、当該ストーカー行為等に係る被害を自ら防止するための措置の教示その他国家公安委員会規則で定める必要な援助を行うものとする。

2　警察本部長等は、前項の援助を行うに当たっては、関係行政機関又は関係のある公私の団体と緊密な連携を図るよう努めなければならない。

3　警察本部長等は、第1項に定めるもののほか、ストーカー行為等に係る被害を防止するための措置を講ずるよう努めなければならない。

4　第1項及び第2項に定めるもののほか、第1項の申出の受理及び援助の実施に関し必要な事項は、国家公安委員会規則で定める。

【施行規則】

（援助の申出の受理）

第14条 法第7条第1項の申出の受理は、警察本部長等が別記様式第10号の援助申出書の提出を受けることにより（当該申出が口頭によるものであるときは、別記様式第10号の援助申出書に記入を求め、又は警察職員が代書することにより）、行うものとする。

（警察本部長等による援助）

第15条 法第7条第1項の国家公安委員会規則で定める援助は、次のとおりとする。

一　申出に係るストーカー行為等をした者に対し、当該申出をした者が当該ストーカー行為等に係る被害を防止するための交渉（以下この条において「被害防止交渉」という。）を円滑に行うために必要な事項を連絡すること。

二 申出に係るストーカー行為等をした者の氏名及び住所その他の連絡先を教示すること。

三 被害防止交渉を行う際の心構え、交渉方法その他の被害防止交渉に関する事項について助言すること。

四 ストーカー行為等に係る被害の防止に関する活動を行っている民間の団体その他の組織がある場合にあっては、当該組織を紹介すること。

五 被害防止交渉を行う場所として警察施設を利用させること。

六 防犯ブザーその他ストーカー行為等に係る被害の防止に資する物品の教示又は貸出しをすること。

七 申出に係るストーカー行為等について警告、禁止命令等又は禁止命令等有効期間延長処分を実施したことを明らかにする書面を交付すること。

八 その他申出に係るストーカー行為等に係る被害を自ら防止するために適当と認める援助を行うこと。

趣　旨

　本条は、警察本部長等が、ストーカー行為等の被害者に対して行う援助等について規定したものである。

　法第3条違反行為及びストーカー行為（ストーカー行為等）による被害を効果的に防止するためには、警察の取締りだけでなく、その被害者に対して自衛策や対応策等の防犯指導を行うことが必要となる。また、ストーカー行為等については、既知の間柄で行われることが多いことを踏まえると、警察による検挙、行政命令等による解決を求めるのではなく、当事者間での問題解決を図ろうとする場合もあると考えられ、そのような場合でも、警察としてできるだけの支援をすることが求められるであろう。

　そこで、本条は、ストーカー行為等の被害者の保護のため、被害者に配慮した対応が確実にとられるよう、ストーカー行為等の被害を防止するために自ら

126 第2 逐条解説

対処しようとしている被害者からの申出に応じて、警察本部長等が自衛措置の教示等の援助を行う責務があることを法律上明らかにしたものである[1]。

また、被害者の自衛措置等に対する援助以外にも、警察本部長等がストーカー行為等による被害防止措置を講ずるよう努めなければならないこととされている。

解 説

ア 援助の主体（第1項）

援助の主体は警察本部長等である。事案の内容を把握し、迅速かつ的確な措置を講じることができるよう、相談等を受け付ける警察本部長等としたものと考えられる。本条の援助については、第14条でどの警察本部長等が行うかが規定されていないことから、援助の申出をした被害者の住所地等にかかわらず、原則として、申出を受けた警察本部長等が行うこととなるが、求められた援助の内容に応じて、適切な警察本部長等が援助を実施すべきものと考えられる。

イ 援助の要件

(ア) 援助の申出

第1の要件は、ストーカー行為等の相手方からの申出があることである。行為の相手方が、法第4条第1項の警告や第5条第1項の禁止命令等を求める申出を行ったとしても本条第1項の援助の申出をしたことにはならないと考えられる。別途、本条第1項の援助を求めるものであることを明らかにして、申出を行う必要があろう。申出の受理については、施行規則第14条において、別記様式第10号の「援助申出書」の提出を受けることにより行うこととされている。口頭で申出があった場合は、申出者に援助申出書への記入を求めるか、警察職員が代書することとされている。

---

1) 同様の例としては、暴力団員による不当な行為の防止等に関する法律第13条、第14条、不正アクセス行為の禁止等に関する法律（平成11年法律第128号）第9条がある。

援助の申出を行うことができるのはストーカー行為等の「相手方」であり、ストーカー行為等以外の行為に関する申出及びストーカー行為等の相手方以外の者からの申出については、援助の対象外となる。

「当該ストーカー行為等に係る被害を自ら防止するための援助」であるから、警察に対してパトロールを行うことを求めるようなものは第1項の申出に該当しないこととなる。

(イ)　申出の相当性

第2の要件は、申出を「相当と認めるとき」である。離婚の調停を求めるような警察が行うことが適当ではない措置を求めるものを除外したり、この制度を悪用しようとするもの、例えば、報復のために行為者の社会的信用を失わせる方法の教示を求める場合のように、申出の内容が申出者が被害を受けることを防ぐという範疇から大きくはずれるような申出を除外するために、「相当と認めるとき」に限ったものであろう。

申出の内容が相当かどうかについては、申出者の受けている行為の程度や申出の内容から、警察本部長等が判断することとなる。

ウ　援助の内容

警察本部長等が行う援助の具体的内容については、本条第1項及び施行規則第15条により、次のように定められている。

① ストーカー行為等に係る被害を自ら防止するための措置の教示（第7条第1項）

② 申出に係るストーカー行為等をした者に対し、当該申出をした者が当該ストーカー行為等に係る被害を防止するための交渉（被害防止交渉）を円滑に行うために必要な事項を連絡すること（施行規則第15条第1号）

③ 申出に係るストーカー行為等をした者の氏名及び住所その他の連絡先を教示すること（同条第2号）

④ 被害防止交渉を行う際の心構え、交渉方法その他の被害防止交渉に関する事項について助言すること（同条第3号）

128　第2　逐条解説

⑤　ストーカー行為等に係る被害の防止に関する活動を行っている民間の団体その他の組織がある場合にあっては、当該組織を紹介すること（同条第4号）

⑥　被害防止交渉を行う場所として警察施設を利用させること（同条第5号）

⑦　防犯ブザーその他ストーカー行為等に係る被害の防止に資する物品の教示又は貸出しをすること（同条第6号）

⑧　申出に係るストーカー行為等について警告、禁止命令等又は禁止命令等有効期間延長処分を実施したことを明らかにする書面を交付すること（同条第7号）

⑨　その他申出に係るストーカー行為等に係る被害を自ら防止するために適当と認める援助を行うこと（同条第8号）

　いずれも、被害者自らが何らかの対策を講じようとすることを支援するための措置が規定されており、警察が被害者を保護するための措置が規定されているものではない。

エ　関係行政機関等との緊密な連携（第2項）

　警察本部長等は、第1項の援助を実施するに当たって、「関係行政機関又は関係のある公私の団体」と緊密な連携を図るよう努めなければならないこととされている。ストーカー行為等の具体的な内容によっては、援助として行うべき具体的措置がカウンセリングの実施や専門医による治療、民事訴訟の提起等、その専門性や援助の性格等から警察が行うことが困難なものもある。そこで、警察のみならず、関係する行政機関、公私の団体の協力の下に被害者の援助を行うことが必要となることから、第1項の援助を行うに当たって、これらの団体等と緊密な連携を図るよう努めることとされたものと考えられる。

「関係行政機関又は関係のある公私の団体」としては、検察庁、地方公共団体の関係部局、弁護士会、防犯協会、被害者支援活動を行っている民間ボランティア組織等が考えられる。警察としては、被害者に対して的確な援助を行うことができるよう、これらの関係行政機関等との連携強化を図っていく必要がある。

オ　その他の援助措置（第3項）

　警察本部長等は、第1項に定めるもののほかに、ストーカー行為等に係る被害を防止するための措置を講ずるよう努めなければならないこととされている。「第1項に定めるもののほか」であるので、被害者による自主的被害防止措置を助けるもの以外の措置、例えば、警察の相談窓口の体制整備、被害者の住居周辺のパトロールの実施、地域社会に対する広報啓発活動の実施等の一般的な被害防止措置が考えられる。

130　第2　逐条解説

8　職務関係者による配慮等（法第8条）

> （職務関係者による配慮等）
> 第8条　ストーカー行為等に係る相手方の保護、捜査、裁判等に職務上
> 　　関係のある者（次項において「職務関係者」という。）は、その職務
> 　　を行うに当たり、当該ストーカー行為等の相手方の安全の確保及び秘
> 　　密の保持に十分な配慮をしなければならない。
> 2　　国及び地方公共団体は、職務関係者に対し、ストーカー行為等の相
> 　　手方の人権、ストーカー行為等の特性等に関する理解を深めるために
> 　　必要な研修及び啓発を行うものとする。
> 3　　国、地方公共団体等は、前2項に規定するもののほか、その保有す
> 　　る個人情報の管理について、ストーカー行為等の防止のために必要な
> 　　措置を講ずるよう努めなければならない。

趣　旨

　本条は、職務関係者による配慮等について定めたものであり、平成28年改正により新たに設けられた規定である。

　ストーカー事案の行為者は、相手方に対する執着心や支配意識が非常に強い場合が多く、様々な手段を用いてその住所等に関する情報を入手した上で、つきまとい等を行う傾向にあることから、被害者の保護、捜査、裁判等に職務上関係のある者は、こうした傾向を踏まえた上で、被害者の安全確保及び秘密保持を徹底する必要がある。

　例えば、平成24年に神奈川県逗子市で発生したストーカー殺人事件（いわゆる「逗子事件」）では、捜査員が加害者に脅迫罪の逮捕状を示す際、逮捕状に記載された被害者の結婚後の氏名や自宅住所を読み上げたことから、これをきっかけに加害者が被害者の住所等を特定した可能性があり、さらに、被害者は市役所に対し、住民基本台帳の閲覧制限等の支援措置を申し出ていたにもかかわらず、加害者からの依頼に係る虚偽の申立てを受け、市役所職員が調査業者に対し被害者の住所等を漏洩してしまったことが後に判明したと

されている。平成26年報告書においても、「関係省庁等においては、ストーカー被害者の保護、捜査、裁判等に職務上関係のある者に対して被害者の秘密の保持に十分な配慮をしなければならないことについて徹底するための取組を推進する必要がある」「今後、被害者の住所等の情報が知られることのないよう、地方自治体において閲覧制限等の支援措置の厳格な運用を図る必要がある」などの提言がなされた[1]。

これらも踏まえ、平成28年改正法により、

○　ストーカー行為等に係る相手方の保護、捜査、裁判等に職務上関係のある者は、その職務を行うに当たり、当該ストーカー行為等の相手方の安全の確保及び秘密の保持に十分な配慮をしなければならないこと

○　国及び地方公共団体は、職務関係者に対し、ストーカー行為等の相手方の人権、ストーカー行為等の特性等に関する理解を深めるために必要な研修及び啓発を行うこと

○　国、地方公共団体等は、その保有する個人情報の管理について、ストーカー行為等の防止のために必要な措置を講ずるよう努めること

が明記された。

解　説

「ストーカー行為等に係る相手方の保護、捜査、裁判等に職務上関係のある者」とは、その職務上、被害者の身辺の安全の確保と秘密の保持を図るべき立場にある者をいい、具体的には、ストーカー事案に携わる警察官・検察官・裁判官・女性相談支援センター[2]の職員、配偶者暴力相談支援センターの職員、ストーカー被害者からの支援措置の申出を受けるなどしてその相談に対応する行政機関の職員、民間シェルターの職員、被害者の治療を担当する医療関係者等がこれに当たると考えられる。

---

1)　平成26年報告書13頁。
2)　困難な問題を抱える女性への支援に関する法律（令和4年法律第52号）により、令和6年4月1日から「婦人相談所」は「女性相談支援センター」となっている。

この点、「ストーカー行為等に係る相手方の保護、捜査、裁判等に職務上関係のある」と規定されていることから、単に被害者の個人情報を有している行政機関の職員であることのみでは、当該職務関係者には該当しないと考えられるが、例えば、ストーカー被害者からの支援措置の申出を受けるなどして被害者からの相談に対応する職員については、該当し得ると考えられる。

「ストーカー行為等の相手方の人権、ストーカー行為等の特性等に関する理解を深めるために必要な研修及び啓発」とは、国及び地方公共団体が、被害者保護の観点から、職務関係者に対して行うものであり、被害者の保護を図るため、ストーカー事案の特徴、危険性、早期相談の必要性、保護、事情聴取等の具体的方法等についての知識を習得する機会を与えることが想定されている。

第3項の「国、地方公共団体等」の「等」に当たる国及び地方公共団体以外の者としては、日本年金機構、独立行政法人都市再生機構（UR）等、ストーカー被害者の個人情報を取り扱う関係で、ストーカー行為等の防止の観点からその情報の管理の徹底が求められる主体が、これに当たると考えられる。

「個人情報」とは、ストーカー行為等をするために必要となる被害者個人に関する情報をいい、具体的には、被害者の氏名、住所、電話番号、メールアドレス等がこれに当たると考えられる。

「個人情報の管理について、ストーカー行為等の防止のために必要な措置」とは、行為者に対して被害者の個人情報が伝わらないようにするための措置をいい、具体的には、地方公共団体において、被害者の申出を受けて行為者に対する住民基本台帳の閲覧制限等の措置を講じたり、被害者の住民票の写しを行為者に誤って交付することがないよう、業務端末に警告表示がなされるようにしたり、職員に周知徹底をしたり、情報管理に関する責任者を置いたりすること等がこれに当たると考えられる。

9 国、地方公共団体、関係事業者等の支援（法第9条） 133

9 国、地方公共団体、関係事業者等の支援（法第9条）

（国、地方公共団体、関係事業者等の支援）

第9条 国及び地方公共団体は、ストーカー行為等の相手方に対する女性相談支援センターその他適切な施設による支援、民間の施設における滞在についての支援及び公的賃貸住宅への入居についての配慮に努めなければならない。

2 ストーカー行為等に係る役務の提供を行った関係事業者は、当該ストーカー行為等の相手方からの求めに応じて、当該ストーカー行為等が行われることを防止するための措置を講ずること等に努めるものとする。

3 ストーカー行為等が行われている場合には、当該ストーカー行為等が行われている地域の住民は、当該ストーカー行為等の相手方に対する援助に努めるものとする。

趣 旨

本条は、国、地方公共団体、関係事業者等の支援について定めたものであり、平成25年及び28年の改正を経て、現在の規定となっている。

法制定時の法第8条第1項においては、国及び地方公共団体の責務として、「ストーカー行為等の相手方に対する支援」が規定されていたが、当該支援における婦人相談所等の役割の重要性等に鑑み、平成25年改正法により、当該支援が「婦人相談所（当時）その他適切な施設による」ものであることが明記された。さらに、第1項の支援等を図るため、必要な体制の整備、民間の自主的組織活動の支援に係る施策を実施するために必要な財政上の措置等を講ずるよう努めなければならないことが新たに規定された。

また、ストーカー事案においては、被害者に危害が及ぶことを避けるため、行為者に対し検挙措置を講じる一方で、被害者については、安全な場所への避難等の措置を的確に講じる必要がある。平成26年報告書においても、「現状では、避難先を自ら確保することが困難な被害者等にとっては、利用可能

134 第 2 逐条解説

な一時避難施設が十分とは言えない。……したがって、関係省庁等は、今後、夜間、緊急時等も含めて、ストーカーの被害者等が一時的に避難することができる場所を確保するために必要な連携体制整備等の措置を検討する必要がある」「被害者等が長期的に避難する場合の支援措置として、公営住宅への優先的な入居制度や転居費用の補助の例があるが、こうした支援措置の在り方についても更に検討する必要がある」などの提言がなされていた[1]。

　これらを踏まえ、平成28年改正法により、被害者の安全確保の徹底を図るため、国及び地方公共団体の責務として、「ストーカー行為等の相手方に対する婦人相談所その他適切な施設による支援、民間の施設における滞在についての支援及び公的賃貸住宅への入居についての配慮に努めなければならない」（第9条）ことが明記されるとともに、ストーカー行為等の防止に関する啓発・知識の普及、必要な体制の整備、民間の自主的組織活動の支援に係る施策を実施するために必要な財政上の措置等を講ずるよう努めることについては、別の条として規定された（第11条、第12条）。

　なお、「婦人相談所」は、困難な問題を抱える女性への支援に関する法律（令和4年法律第52号）により「女性相談支援センター」となり、本条第1項も改正されている。

解 説

ア　ストーカー行為等の相手方に対する支援（第1項）

　ストーカー行為等の相手方に対する支援の具体的内容としては、被害者の相談窓口の整備やカウンセリング等の支援体制の整備、被害者に対するカウンセリングの実施等が考えられる。また、「女性相談支援センターその他適切な施設による支援」とは、国及び地方公共団体がその適切な施設において被害者の支援を行うことをいい、例えば、女性相談支援センターがその施設において被害者を一時保護すること、女性自立支援施設が一時保護後の被害者に対して退所後の自立支援等を行うこと等がこれに当たると考えられる。

---

1)　平成26年報告書12頁。

「民間の施設における滞在についての支援」とは、被害者が避難のために民間施設に滞在するに当たって国及び地方公共団体が支援することをいい、例えば、被害者が一時避難先としてホテル等に滞在するに当たってその経費の一部を補助すること、民間の宿泊施設との間で円滑な保護の手続等について申し合わせた上で、避難を要する被害者に当該宿泊施設を紹介すること等がこれに当たると考えられる。

　「公的賃貸住宅への入居についての配慮」とは、国及び地方公共団体が、被害者がその避難先として公的賃貸住宅に入居することができるよう配慮することをいい、例えば、長期的避難が必要なストーカー被害者を、地方公共団体や独立行政法人都市再生機構（UR）が整備する公的賃貸住宅へ優先的に入居させること等がこれに当たると考えられる。

イ　関係事業者による支援（第2項）

　「ストーカー行為等に係る役務の提供を行った関係事業者」とは、無言電話やしつこく交際を求めるのに利用した電話・電子メールのサービスを提供している電気通信事業者、名誉を害する内容の手紙を送付した場合の郵便局、性的羞恥心を害する物品を送付するのに利用した宅配便業者等が考えられる[2]。これらのストーカー行為等に利用された事業者一般について本項の規定が適用されるのではなく、個別のストーカー行為等について実際にそのサービスを利用された個々の事業者について本項の規定が適用されることとなろう。

　「当該ストーカー行為等の相手方からの求めに応じて」とあることから、ストーカー行為等の被害者から措置を講ずることを求められた場合に、関係事業者は、これに対応することが求められることとなる。被害者の側も、ストーカー行為等の被害を防止するためにどのような措置を講じてほしいかについて、具体的に求めるべきであろう。

2）「ストーカー行為等は、電話、郵便、宅配便等を利用して行われることが少なくないことから、これらのサービスを提供する事業者で実際にそのサービスがストーカー行為等に利用されているものがこれに該当することとなります。」（平成12年5月16日参議院地方行政・警察委員会松村龍二議員〔草案提案者〕答弁）

「当該ストーカー行為等が行われることを防止するための措置を講ずること等に努めるものとする」とあることから、本項の規定は、関係事業者に対して具体的な措置を講ずることを義務付けるものではないものの、防止するための措置を講ずるべきことを訓示的に規定したものである。したがって、ストーカー行為等にそのサービスを利用された関係事業者は、特別な措置を講ずることまで求められるものではなく、対応可能な範囲で、例えば、行為者からの電話を被害者につながらないようにすることや、行為者からの荷物を被害者に配達しないようにすること等の措置を講ずることが考えられる。

ウ 地域住民による支援（第3項）

ストーカー行為等が行われている場合に、その地域の住民が、ストーカー行為等の被害者の支援、例えば、被害者から助けを求められた場合に一時的にかくまうことや、不審な人物について警察に通報すること等を行うことが、被害防止に資することとなる。

そこで、ストーカー行為等が行われている地域の住民についても、被害者に対する援助に努めるものとされたものと考えられる。

第2項と同様、訓示的に規定されたものであり、具体的な措置を義務付けたものではないと解すべきであろう。

9 国、地方公共団体、関係事業者等の支援（法第9条） 137

参 考 **法第9条（旧第8条）の改正経緯**

○　法制定時

（国、地方公共団体、関係事業者等の支援）

第8条　国及び地方公共団体は、ストーカー行為等の防止に関する啓発
及び知識の普及、ストーカー行為等の相手方に対する支援並びにス
トーカー行為等の防止に関する活動等を行っている民間の自主的な組
織活動の支援に努めなければならない。

2　（略）　※　現行の第2項と同じ。

3　（略）　※　現行の第3項と同じ。

○　平成25年改正後

（国、地方公共団体、関係事業者等の支援等）

第8条　国及び地方公共団体は、ストーカー行為等の防止に関する啓発
及び知識の普及、ストーカー行為等の相手方に対する婦人相談所その
他適切な施設による支援並びにストーカー行為等の防止に関する活動
等を行っている民間の自主的な組織活動の支援に努めなければならな
い。

2　国及び地方公共団体は、前項の支援等を図るため、必要な体制の整
備、民間の自主的な組織活動の支援に係る施策を実施するために必要
な財政上の措置その他必要な措置を講ずるよう努めなければならな
い。

3　（略）　※　現行の第2項と同じ。

4　（略）　※　現行の第3項と同じ。

10　調査研究の推進（法第10条）

（調査研究の推進）
第10条　国及び地方公共団体は、ストーカー行為等をした者を更生させ
　　るための方法、ストーカー行為等の相手方の心身の健康を回復させる
　　ための方法等に関する調査研究の推進に努めなければならない。

趣　旨

　本条は、国及び地方公共団体による調査研究の推進について定めたものであり、平成28年改正により新たに設けられた規定である。

　ストーカー事案においては、検挙等をされてもストーカー行為等を止めない行為者が存在することから、そういった加害者に対するカウンセリングや治療といった精神医学的・心理学的手法についての調査研究を推進する必要性が指摘されていたほか、被害者についても、強い不安や恐怖にさらされるため、その心身の健康を回復させるための方法についての調査研究の必要性が指摘されていた。

　これらを踏まえ、平成28年改正法により、国及び地方公共団体の責務として、加害者対策及び被害者支援に関する調査研究の推進に努めなければならないことが明記された。

解　説

　「ストーカー行為等をした者を更生させるための方法」に関する調査研究については、被害者に対して有する支配意識や執着心を取り除くために効果的な精神医学的・心理学的手法等、ストーカーの行為者を更生させるために効果的な方策に関する調査研究が想定される。

　「ストーカー行為等の相手方の心身の健康を回復させるための方法」に関する調査研究については、被害者の心身の健康を回復させるための効果的なカウンセリングの在り方等に関する調査研究が想定される。

11　ストーカー行為等の防止等に資するためのその他の措置（法第11条）

> （ストーカー行為等の防止等に資するためのその他の措置）
>
> **第11条**　国及び地方公共団体は、ストーカー行為等の防止及びストーカー行為等の相手方の保護に資するための次に掲げる措置を講ずるよう努めなければならない。
>
> 一　ストーカー行為等の実態の把握
>
> 二　人材の養成及び資質の向上
>
> 三　教育活動、広報活動等を通じた知識の普及及び啓発
>
> 四　民間の自主的な組織活動との連携協力及びその支援

趣　旨

　本条は、ストーカー行為等の防止等に資するためのその他の措置について定めたものである。法制定時にも国及び地方公共団体による支援として「ストーカー行為等の防止に関する啓発及び知識の普及」「民間の自主的な組織活動の支援」に努めなければならない旨規定されていたが（旧第8条）、平成28年改正により他の項目も追加されて別の条として規定された。

　ストーカー行為等の防止を図るためには、個別の事案ごとに、行為者への検挙措置、被害者の保護等の措置を的確に行うことも重要であるが、国や地方公共団体が、平素から、担当する職員の養成及び資質の向上を図るとともに、当該行為等の実態を把握した上で、ストーカー行為等に係る知識の普及・啓発、民間の自主的な組織団体との連携協力を図り、ストーカー行為等を社会で防止するための環境整備を図ることも重要であることから、平成28年改正法により、国及び地方公共団体の責務として、ストーカー行為等の防止及びストーカー行為等の被害者の保護に資するため、

　○　ストーカー行為等の実態の把握

　○　人材の養成及び資質の向上

　○　教育活動、広報活動等を通じた知識の普及及び啓発

　○　民間の自主的な組織活動との連携協力及びその支援

140 第2 逐条解説

の措置を講ずるよう努めなければならないことが明記された。

「努めなければならない」とあることから、国及び地方公共団体は、これらの事項について具体的な措置を講ずべき努力義務を負うこととなる。

解説

ア ストーカー行為等の実態の把握（第1号）

「ストーカー行為等の実態の把握」としては、警察のほか、女性相談支援センター、地方自治体の相談窓口、学校等において、インターネットの普及やコミュニケーションツールの変化といった最近の社会情勢を踏まえつつ、被害者の保護に資する目的でのストーカー行為等の実態把握を行うことが想定される。

イ 人材の養成及び資質の向上（第2号）

「人材の養成及び資質の向上」としては、ストーカー行為等の防止及びストーカー行為等の相手方の保護に資するよう、被害者からの相談を受ける様々な機関において、研修やマニュアルの充実を図ること等により、人材の養成及び資質の向上を図ることが想定される。

ウ 知識の普及及び啓発（第3号）

「教育活動、広報活動等を通じた知識の普及及び啓発」としては、教育現場において、インターネットを利用したコミュニケーションや交際・交友関係の構築に当たっての留意事項、適切なコミュニケーション方法、人間関係の育み方等、ストーカーの被害者にも行為者にもならないための具体的な教育を行うことのほか、国及び地方公共団体が法で規制されているストーカー行為等の具体的内容、ストーカー行為等から身を守る方法、被害を受けた場合の対処方法、相談窓口・支援機関等について広報活動を行うこと等を通じて、被害者の保護に資するための知識の普及・啓発を図ることが想定される。

エ　民間の自主的な組織活動との連携協力（第4号）

　「民間の自主的な組織活動との連携協力」としては、被害者支援、行為者の立直り支援等を行う民間団体との間でストーカー事案に関する一般的知識・情報の共有を図ること等により、これらの団体の活動との連携協力を図ることが想定されており、「民間の自主的な組織活動の支援」としては、これらの団体に対してストーカー行為等に対する防御措置等に関する情報提供や助成を実施すること等により、その団体の活動を支援することが想定される。

12 支援等を図るための措置（法第12条）

（支援等を図るための措置）

第12条 国及び地方公共団体は、第9条第1項及び前2条の支援等を図るため、必要な体制の整備、民間の自主的な組織活動の支援に係る施策を実施するために必要な財政上の措置その他必要な措置を講ずるよう努めなければならない。

趣 旨

本条は、国及び地方公共団体が、法に規定された支援等を図るため、必要な体制の整備等の措置を講ずる努力義務を有することを明記したものであり、平成25年改正により新たに設けられ、28年改正を経て現在の規定となっている。

法制定時、国及び地方公共団体の責務として、「ストーカー行為等の防止に関する啓発及び知識の普及、ストーカー行為等の相手方に対する支援並びにストーカー行為等の防止に関する活動等を行っている民間の自主的な組織活動の支援」に努めるべきことが明記されていたが、平成25年改正法により、ストーカー行為等の相手方に対する支援については、「婦人相談所その他の適切な施設」により行われることが明記されるとともに、これらの支援等を図るため、国及び地方公共団体が、必要な体制の整備、民間の自主的な組織活動の支援に係る施策を実施するために必要な財政上の措置その他の必要な措置を講ずる努力義務を有することが明記された。

また、平成28年改正法により、国及び地方公共団体は、調査研究（第10条）、実態把握や人材養成等（第11条）についても努力義務を有することが規定されるに当たって、これらの規定に係る支援等についても、必要な措置を講ずる努力義務が規定された。

12 支援等を図るための措置（法第12条） 143

解 説

　国及び地方公共団体は、

○　ストーカー行為等の相手方に対する女性相談支援センターその他適切
　な施設による支援、民間の施設における滞在についての支援及び公的賃
　貸住宅への入居についての配慮（法第9条第1項）

○　ストーカー行為等をした者を更生させるための方法、ストーカー行為
　等の相手方の心身の健康を回復させるための方法等に関する調査研究の
　推進（法第10条）

○　ストーカー行為等の防止及びストーカー行為等の相手方の保護に資す
　るためのストーカー行為等の実態の把握、人材の養成及び資質の向上、
　教育活動、広報活動等を通じた知識の普及及び啓発、民間の自主的な組
　織活動との連携協力及びその支援（法第11条）

について努力義務を有するところ、国及び地方公共団体は、これらの支援等
を図るため、必要な体制の整備、民間の自主的な組織活動の支援に係る施策
を実施するために必要な財政上の措置その他必要な措置を講ずるよう努めな
ければならないことが明記されている。

144 第2 逐条解説

13 報告徴収等（法第13条）

（報告徴収等）

第13条 警察本部長等は、警告をするために必要があると認めるときは、その必要な限度において、第4条第1項の申出に係る第3条の規定に違反する行為をしたと認められる者その他の関係者に対し、報告若しくは資料の提出を求め、又は警察職員に当該行為をしたと認められる者その他の関係者に質問させることができる。

2 公安委員会は、禁止命令等（第5条第9項の規定による禁止命令等の有効期間の延長の処分を含む。）をするために必要があると認めるときは、その必要な限度において、当該第3条の規定に違反する行為をしたと認められる者その他の関係者に対し、報告若しくは資料の提出を求め、又は警察職員に当該行為をしたと認められる者その他の関係者に質問させることができる。

趣 旨

本条は、警告等を行うための警察本部長等及び公安委員会の報告徴収等について規定したものである。

平成28年改正法により、禁止命令等の有効期間が1年間とされ、必要に応じてその期間を1年ごとに延長することが可能とされたことを踏まえ、延長処分を行うに当たって必要となる調査についても、本条による報告徴収等の対象に加えられた。

概 要

警察本部長等が警告、公安委員会が禁止命令等を行うに当たっては、行為者が誰であるか、警告等の要件を満たしているのかどうかを明らかにするために調査を行う必要がある。そこで、これらの調査をするための規定が設けられたものである。

本条による報告等を求められた者がこれに従わなかった場合について罰則は設けられていないものの、本条の規定により報告等を求められた者は、原則として報告すべき義務を負うものと考えられる。

ア　警察本部長等による警告に係る報告徴収等（第1項）

警察本部長等が報告徴収等を求める相手方は、「第4条第1項の申出に係る第3条の規定に違反する行為をしたと認められる者その他の関係者」である。「第3条の規定に違反する行為をしたと認められる者」とは、第4条第1項の申出に係る行為の行為者であり、警告の名あて人となる者である。「その他の関係者」とは、「第3条の規定に違反する行為」に関する事実、背景、事情等を知っていると考えられる行為者の親族、同居の者、友人等が考えられる。

警察本部長等は、報告・資料提出を求めることができるとともに、警察職員に質問させることができる。報告等は、警告をするために必要な限度に限られている。

イ　公安委員会による禁止命令等に係る報告徴収等（第2項）

公安委員会についても、警察本部長等と同様、禁止命令等又は延長処分をするために必要な限度で、報告徴収等を求めることができることとされている。

その相手方は、実施しようとする禁止命令等に係る法第3条違反行為をしたと認められる行為者、延長処分をしようとする禁止命令等を受けた者、その他の関係者である。

146　第2　逐条解説

> **参　考**　法第13条（旧第9条）の改正経緯

○　法制定時

（報告徴収等）

第9条　警察本部長等は、警告又は仮の命令をするために必要があると
　認めるときは、その必要な限度において、第4条第1項の申出に係る
　第3条の規定に違反する行為をしたと認められる者その他の関係者に
　対し、報告若しくは資料の提出を求め、又は警察職員に当該行為をし
　たと認められる者その他の関係者に質問させることができる。

2　公安委員会は、禁止命令等をするために必要があると認めるときは、
　その必要な限度において、警告若しくは仮の命令を受けた者その他の
　関係者に対し、報告若しくは資料の提出を求め、又は警察職員に警告
　若しくは仮の命令を受けた者その他の関係者に質問させることができ
　る。

14 禁止命令等を行う公安委員会等（法第14条）

（禁止命令等を行う公安委員会等）

第14条 この法律における公安委員会は、禁止命令等及び第5条第2項の聴聞に関しては、当該禁止命令等及び同項の聴聞に係る事案に関する第3条の規定に違反する行為の相手方の住所若しくは居所若しくは当該禁止命令等及び第5条第2項の聴聞に係る第3条の規定に違反する行為をした者の住所（日本国内に住所がないとき又は住所が知れないときは居所）の所在地又は当該行為が行われた地を管轄する公安委員会とする。

2　公安委員会は、第5条第2項の聴聞を終了しているときは、次に掲げる事由が生じた場合であっても、当該聴聞に係る禁止命令等をすることができるものとし、当該他の公安委員会は、前項の規定にかかわらず、当該聴聞に係る禁止命令等をすることができないものとする。

一　当該聴聞に係る事案に関する第3条の規定に違反する行為の相手方がその住所又は居所を他の公安委員会の管轄区域内に移転したこと。

二　当該聴聞に係る事案に関する第3条の規定に違反する行為をした者がその住所（日本国内に住所がないとき又は住所が知れないときは居所）を他の公安委員会の管轄区域内に移転したこと。

3　この法律における警察本部長等は、警告に関しては、当該警告に係る第4条第1項の申出をした者の住所若しくは居所若しくは当該申出に係る第3条の規定に違反する行為をした者の住所（日本国内に住所がないとき又は住所が知れないときは居所）の所在地又は当該行為が行われた地を管轄する警察本部長等とする。

148　第2　逐条解説

【施行規則】

（住所又は居所の移転に関する警察署長への届出）

第6条　警告の申出をした者（当該警告の申出に係る法第4条第3項又は第4項の通知を受けた者を除く。）又は禁止命令等の申出をした者（当該禁止命令等の申出に係る法第5条第6項又は第7項の通知を受けた者を除く。）は、警察署の管轄区域を異にして住所又は居所を移転しようとするときは、移転後の住所又は居所を現在の住所又は居所の所在地を管轄する警察署長に届け出なければならない。

（他の警察本部長への通知）

第7条　警視総監又は道府県警察本部長は、前条の規定による届出に係る移転後の住所又は居所の所在地が他の都道府県警察の管轄区域内にある場合には、速やかに、当該届出をした者の氏名、住所（移転した場合は、移転後の住所）及び居所（移転した場合は、移転後の居所）を当該他の都道府県警察の警視総監又は道府県警察本部長に通知するものとする。

趣　旨

　本条は、警告、禁止命令等について、どの警察本部長等又は公安委員会が行うかを明らかにすることによって、その責任を明確化するとともに、ストーカー行為等の被害者の利便を図ろうとしたものであり、平成25年改正及び28年改正を経て、現在の規定に至っている。

　法制定時は、禁止命令等、聴聞及び意見の聴取を行う公安委員会、警告及び仮の命令を行う警察本部長等は、警告の申出をした者の住所地を管轄する公安委員会又は警察本部長等とされていたところ、平成25年改正法により、申出者の居所、法第3条違反行為の行為者の住所、法第3条違反行為の行為地を管轄する公安委員会又は警察本部長等にも拡大された。

　さらに、平成28年改正法で、禁止命令等に係る警告前置及び仮の命令が廃

止され、警告に違反する行為が禁止命令等の要件ではなくなったことに伴い条文が整理されるとともに、警告が行われた後に被害者又は法第3条違反行為の行為者の住所が他の公安委員会の管轄区域に移転した場合の公安委員会間の通知制度が廃止された。

なお、当該通知制度については廃止されたものの、被害者の保護の徹底や迅速かつ効果的な禁止命令等の発出等を図る観点からは、引き続き、被害者や加害者の移転元・先の公安委員会・都道府県警察が緊密に連携することが重要であると考えられる。

解 説

ア　禁止命令等を行うことができる公安委員会（第1項）

禁止命令等及び禁止命令等に係る聴聞を行う公安委員会については、

○　禁止命令等及び聴聞に係る事案に関する法第3条違反行為の相手方の住所又は居所の所在地

○　禁止命令等及び聴聞に係る法第3条違反行為をした者の住所（日本国内に住所がないとき又は住所が知れないときは居所）の所在地

○　禁止命令等及び聴聞に係る法第3条違反行為が行われた地

を管轄する公安委員会とされている。

この点、法第3条違反行為の相手方や行為者は、禁止命令等の申出の後、所要の調査・手続を行っている間に住所等を変えることも想定されるが、禁止命令等をする時点における住所地等を管轄する公安委員会が禁止命令等や聴聞の主体となる。

また、一の事案について禁止命令等及び聴聞を行う公安委員会が複数存在することも想定されるが、その場合には、申出者等の意思、申出者等の安全確保、事後の調査・捜査の効率的遂行、行為者の特性等を踏まえ、関係都道府県警察間で調整を図り、申出者等の保護に最も資するのはどこかという観点から当該事案に係る禁止命令等の発出等を行うべき公安委員会を決定することが重要であると考えられる。

「住所」「居所」については、前記5－5参照。

150　第2　逐条解説

「日本国内に住所がないとき」とは、生活の本拠が日本国外にある場合又は日本国内外いずれにもない場合をいい、例えば、海外で生活している行為者が、一時的に日本にいる相手方の元に押し掛けるような場合が考えられる。「住所が知れないとき」とは、住所がどこであるのか、警察の調査によっても確知できない場合をいい、例えば行為者が知人宅等を転々とし、生活の本拠とする場所が一に特定できないような場合が考えられる。

「当該行為が行われた地」とは、法第3条違反行為が行われた地である。待ち伏せる、押し掛ける、著しく粗野又は乱暴な言動をするなどの場合は当該行為を行った地、汚物、動物の死体その他の著しく不快又は嫌悪の情を催させる物を送付した場合は当該物品を行為者が送付するための行為を行った地、電話をかける、電子メール等を送信するなどの場合は、当該電話をかけ、電子メール等を送信するための行為を行った地、位置情報無承諾取得等であれば位置情報を受信した地、位置情報記録・送信装置を取り付けたり、取り付けた物を交付した地等であると考えられる。

なお、延長処分を行う公安委員会は、当該延長処分に係る禁止命令等を発出した公安委員会である（前記5参照）。

イ　聴聞が終了している場合の特例（第2項）

法第3条違反行為の相手方や行為者が住所地等を移転した場合でも、既に聴聞を終了している場合には、これを行った公安委員会が禁止命令等を行うことが合理的であることから、聴聞を行った公安委員会が禁止命令等を行うことができることとされている。

なお、聴聞を終了したが禁止命令等を行わないことも想定され、その場合には、新たな住所地を管轄する公安委員会において禁止命令等を行う必要が生じることも考えられるため、関係都道府県警察間の情報共有を図ることが重要である。

ウ　警告を行うことができる警察本部長等（第3項）

警告に関しては、

○　警告を求める旨の申出をした者の住所又は居所の所在地

14　禁止命令等を行う公安委員会等（法第14条）　151

○　警告を求める旨の申出に係る法第3条違反行為をした者の住所（日本国内に住所がないとき又は住所が知れないときは居所）の所在地

○　警告を求める旨の申出に係る法第3条違反行為が行われた地

を管轄する警察本部長等が行うこととされている。複数の警察本部長等が警告を実施できる場合も想定されるが、禁止命令等の発出等の場合と同様、関係都道府県警察間で調整を図り、申出者等の保護に最も資するのはどこかという観点から警告を行うべき警察本部長等を決定することが重要であると考えられる。

エ　申出者等の住所等の移転に伴う対応

(ｱ)　住所又は居所の移転に関する届出（施行規則第6条）

警告又は禁止命令等の申出をした者は、警察署の管轄区域を異にして住所又は居所を移転しようとするときは、移転後の住所又は居所を、現在の住所又は居所の所在地を管轄する警察署長に届け出なければならないこととされている。申出者の保護対策に間隙が生じないようにするためである。届出の方法について特段の定めがないことから、口頭等でもよいと考えられる。

(ｲ)　住所又は居所の移転に関する通知（施行規則第7条）

警察本部長は、施行規則第6条の届出をした者がその住所又は居所を他の都道府県警察の管轄区域内に移転したときは、速やかに、当該届出をした者の氏名、住所及び居所を当該他の都道府県警察の警察本部長等に通知することとされている。

このほか、施行規則第7条の規定による通知の対象とはなっていない場合であっても、例えば、

○　行為者が住所又は居所を移転したこと

○　職権による禁止命令等の準備をしている間に、申出者又は行為者が住所又は居所を移転したこと

○　申出者が施行規則第6条の届出をせずに住所又は居所を移転したこと

等を把握した場合、被害者保護等のため、申出者又は行為者の住所等の移転の情報を移転先の警察本部長等に確実に通知することが重要であると考えられる。

152　第2　逐条解説

> **参　考**　法第14条（旧第10条）の改正経緯

○　**法制定時**

（禁止命令等を行う公安委員会等）

第10条　この法律における公安委員会は、禁止命令等並びに第5条第2
　　項の聴聞及び意見の聴取に関しては、当該禁止命令等並びに同項の聴
　　聞及び意見の聴取に係る事案に関する第4条第1項の申出をした者の
　　住所地を管轄する公安委員会とする。

2　この法律における警察本部長等は、警告及び仮の命令に関しては、
　　当該警告又は仮の命令に係る第4条第1項の申出をした者の住所地を
　　管轄する警察本部長等とする。

3　公安委員会は、警告又は仮の命令があった場合において、当該警告
　　又は仮の命令に係る第4条第1項の申出をした者がその住所を当該公
　　安委員会の管轄区域内から他の公安委員会の管轄区域内に移転したと
　　きは、速やかに、当該警告又は仮の命令の内容及び日時その他当該警
　　告又は仮の命令に関する事項で国家公安委員会規則で定めるものを当
　　該他の公安委員会に通知しなければならない。ただし、当該警告又は
　　仮の命令に係る事案に関する第5条第2項の聴聞又は意見の聴取を終
　　了している場合は、この限りでない。

4　公安委員会は、前項本文に規定する場合において、同項ただし書の
　　聴聞又は意見の聴取を終了しているときは、当該聴聞又は意見の聴取
　　に係る禁止命令等をすることができるものとし、同項の他の公安委員
　　会は、第1項の規定にかかわらず、当該聴聞又は意見の聴取に係る禁
　　止命令等をすることができないものとする。

5　公安委員会は、前項に規定する場合において、第3項ただし書の聴
　　聞に係る禁止命令等をしないときは、速やかに、同項に規定する事項
　　を同項の他の公安委員会に通知しなければならない。

○ 平成25年改正後

（禁止命令等を行う公安委員会等）

第10条 この法律における公安委員会は、禁止命令等並びに第５条第２項の聴聞及び意見の聴取に関しては、当該禁止命令等並びに同項の聴聞及び意見の聴取に係る事案に関する第４条第１項の申出をした者の住所若しくは居所若しくは当該禁止命令等並びに第５条第２項の聴聞及び意見の聴取に係る第３条の規定に違反する行為をした者の住所（日本国内に住所がないとき又は住所が知れないときは居所）の所在地又は当該行為が行われた地を管轄する公安委員会とする。

２ この法律における警察本部長等は、警告及び仮の命令に関しては、当該警告又は仮の命令に係る第４条第１項の申出をした者の住所若しくは居所若しくは当該申出に係る第３条の規定に違反する行為をした者の住所（日本国内に住所がないとき又は住所が知れないときは居所）の所在地又は当該行為が行われた地を管轄する警察本部長等とする。

３ 公安委員会は、警告又は仮の命令があった場合において、次に掲げる事由が生じたことを知ったときは、速やかに、当該警告又は仮の命令の内容及び日時その他当該警告又は仮の命令に関する事項で国家公安委員会規則で定めるものを当該他の公安委員会に通知しなければならない。ただし、当該警告又は仮の命令に係る事案に関する第５条第２項の聴聞又は意見の聴取を終了している場合は、この限りでない。

一 当該警告又は仮の命令に係る第４条第１項の申出をした者がその住所又は居所を他の公安委員会の管轄区域内に移転したこと。

二 当該申出に係る第３条の規定に違反する行為をした者がその住所（日本国内に住所がないとき又は住所が知れないときは居所）を他の公安委員会の管轄区域内に移転したこと。

４ 公安委員会は、前項本文に規定する場合において、同項ただし書の聴聞又は意見の聴取を終了しているときは、当該聴聞又は意見の聴取に係る禁止命令等をすることができるものとし、同項の他の公安委員会は、第１項の規定にかかわらず、当該聴聞又は意見の聴取に係る禁

止命令等をすることができないものとする。
5　公安委員会は、前項に規定する場合において、第3項ただし書の聴
聞に係る禁止命令等をしないときは、速やかに、同項に規定する事項
を同項の他の公安委員会に通知しなければならない。

15　方面公安委員会等への権限の委任（法第15条、第16条）

（方面公安委員会への権限の委任）

第15条　この法律により道公安委員会の権限に属する事務は、政令で定めるところにより、方面公安委員会に委任することができる。

（方面本部長への権限の委任）

第16条　この法律により道警察本部長の権限に属する事務は、政令で定めるところにより、方面本部長に行わせることができる。

【施行令】

（方面公安委員会への権限の委任）

第5条　法の規定により道公安委員会の権限に属する事務は、道警察本部の所在地を包括する方面を除く方面については、当該方面公安委員会が行う。

（方面本部長への権限の委任）

第6条　法の規定により道警察本部長の権限に属する事務は、道警察本部の所在地を包括する方面を除く方面については、当該方面本部長が行う。

趣　旨

　法第15条及び第16条は、方面公安委員会又は方面本部長への権限の委任について定めたものである。

解　説

　法第15条及び第16条では、必要に応じて、道公安委員会及び道警察本部長の権限に属する事務を、それぞれ方面公安委員会及び方面本部長に委任することができることとされている。道警察本部の所在地を包括する方面を除く方面については、施行令第5条により、道公安委員会の権限に属する事務は

156 第2 逐条解説

それぞれの方面公安委員会が、施行令第6条により、道警察本部長の権限に属する事務はそれぞれの方面本部長が行うこととされている。

16　公安委員会の事務の委任（法第17条）

> （公安委員会の事務の委任）
> 第17条　この法律により公安委員会の権限に属する事務は、警察本部長等に行わせることができる。
> 2　方面公安委員会は、第15条の規定により道公安委員会から委任された事務のうち、前項の事務を方面本部長又は警察署長に行わせることができる。

趣　旨

　本条は、公安委員会の事務の委任について定めたものである。

　禁止命令等や緊急禁止命令等については、加害者に対して一定の作為義務・不作為義務を課すものであり、その実効性が罰則で担保されているため、手続に慎重を期する観点から、条文上、公安委員会が発出主体とされている。

　一方で、ストーカー事案の中には、事態が急展開して重大事件に発展するおそれが高いものも含まれているところ、禁止命令等の発出に当たって公安委員会の決定を得る手続に相応の時間を要するという問題があり、より迅速かつ効果的な命令を発出できるようにする必要があることが指摘されていた。平成25年検討会においても、「現行制度の問題点としては、例えば、……聴聞手続や都道府県公安委員会の決定を得る手続に相応の時間を要するといった問題がある」「禁止命令等の発出主体の見直しも含め……現場においてより迅速かつ効果的な命令を発出できるよう総合的に検討すべき」との提言がなされた[1]。

　これらも踏まえ、平成28年改正法により、手続の慎重性の確保と迅速かつ効果的な命令の発出という2つの要請の調和を図る観点から、禁止命令等の発出等をはじめとする公安委員会の権限に属する事務を警察本部長等に委任

　1）　平成26年報告書6頁。

158　第2　逐条解説

できることとされた。この点、禁止命令等の発出等を警察本部長等に委任して
も、

- ○　禁止命令等や緊急禁止命令等の発出に際しては、聴聞や意見聴取を行
　い、加害者側に意見陳述の機会を与えることにより、的確な処分が期待
　できること
- ○　公安委員会に対する審査請求などの事後的救済措置により、処分の適
　法性を担保できること

等が考慮されたものである。

解　説

「この法律により公安委員会の権限に属する事務」としては、

- ○　法第5条第1項に規定する禁止命令等
- ○　同条第2項に規定する聴聞
- ○　同条第3項前段に規定する緊急禁止命令等
- ○　同条第3項後段に規定する意見の聴取
- ○　同条第6項及び第7項に規定する通知
- ○　同条第9項に規定する延長処分
- ○　同条第10項において準用する第2項に規定する聴聞
- ○　同条第10項において読み替えて準用する第6項及び第7項に規定する
　通知
- ○　法第13条第2項に規定する報告徴収等

が挙げられる。

　当該権限の委任先は、「警察本部長等」とされており、警視総監又は道府
県警察本部長と警察署長の両方、あるいは、一方のみに委任することが可能
である。また、委任の範囲の点については、その全部又は一部を委任するこ
とが可能であると考えられる。

　つまり、各公安委員会においては、その権限に属する事務ごとに、委任を
行うかどうか、行うとすれば警視総監又は警察本部長と警察署長の両方、あ
るいは、いずれかに委任するのかを判断することとなるが、当該判断に際し

ては、各都道府県のストーカー事案やその対処の現状を踏まえつつ、それぞれの事務の性質に応じて、手続の慎重性の確保と迅速かつ効果的な禁止命令等の発出等という2つの要請の調和を図る観点から、検討がなされる必要がある。

北海道公安委員会の権限に属する事務については、法第15条の規定により、方面公安委員会に委任することができるとされているところ、方面公安委員会においては、当該規定により委任された事務について、法第17条第2項の規定により、その全部又は一部を、方面本部長と警察署長の両方、あるいは、いずれか一方に委任することができることとなる。

160　第2　逐条解説

17　罰則（法第18条〜第20条）

（罰則）

第18条　ストーカー行為をした者は、1年以下の懲役[1]又は100万円以下の罰金に処する。

第19条　禁止命令等（第5条第1項第1号に係るものに限る。以下同じ。）に違反してストーカー行為をした者は、2年以下の懲役又は200万円以下の罰金に処する。

2　前項に規定するもののほか、禁止命令等に違反してつきまとい等又は位置情報無承諾取得等をすることにより、ストーカー行為をした者も、同項と同様とする。

第20条　前条に規定するもののほか、禁止命令等に違反した者は、6月以下の懲役又は50万円以下の罰金に処する。

趣　旨

　法第18条〜第20条は、罰則について定めたものであり、平成28年改正、令和3年改正を経て、現在の規定に至っている。

　法制定当初、ストーカー行為罪は親告罪とされていた。その理由としては、

○　公訴提起によって、被害者のプライバシーに関わる事項が公になり、被害者の利益が害されるおそれがあること

○　比較的軽微な個人的法益を侵害する罪であり、被害者の意思に反して訴追する必要性に乏しいこと

が挙げられたところ、一方で、

○　行為者を処罰するかどうかが被害者本人の意思に委ねられることにより、かえって、被害者を行為者の怨恨感情の矢面に立たせることとなる

---

1) 「懲役」は、刑法等の一部を改正する法律（令和4年法律第67号）により、「拘禁刑」と改正される（7年6月1日施行）。

○　被害を受けて不安を感じながら生活する被害者に対し、告訴という重
　　大な判断も求め、精神的負担をかけることとなる

との実情もみられた。また、ストーカー事案の被害者は、行為者が身近な人物で
あるなどの理由から、告訴を躊躇する場合も多く、被害者が逡巡している間に告
訴期間（犯人を知った日から6か月）が経過してしまい、告訴ができなくなった事
案もみられた。さらに、立法当初と異なり、社会において、ストーカー行為は、
決して軽微でない法益侵害を生じさせるものと認識されるようになり、ストー
カー行為がエスカレートし、被害者本人だけでなく、その家族等が重大事件の被
害者となるケースも発生しているといった事情もみられるようになった。

　そうした中、平成25年検討会においても、「ストーカー規制法の立法当時
は、ストーカー行為を社会的逸脱行為として位置付ける度合いが比較的低
かったが、現在では重大な犯罪につながるおそれが強いものと認識され、そ
の保護法益は決して軽微とは言えないこと、この種事案は事態が急展開する
おそれがあり、被害者保護のためにできるだけ迅速な捜査・取締りが求めら
れていることなどに鑑みれば、今後、ストーカー行為罪については非親告罪
とする方向で一層の議論がなされるべきであろう」との提言がなされた[2]。

　また、ストーカー行為は、相手方に強い不安や恐怖を与える深刻なものや
相当長期間にわたって行われるものなどもあり、国民生活に重大な影響を及
ぼしているとして、制定時よりも法益侵害の程度が大きく評価され、厳重に
対処すべきとの国民意識も高まっていたため、「ストーカー行為が国民生活
に重大な脅威を及ぼしていることが明らかであり、今後、ストーカー行為の
抑止を図るため、刑法等の罰則との均衡に配意しつつも、国民の納得のいく
重さにまで罰則を引き上げるべきである」との提言がなされた[3]。

　これらも踏まえ、平成28年改正法により、ストーカー行為罪が非親告罪化
されるとともに、ストーカー行為罪及び禁止命令等違反罪の両方について、
法定刑が引き上げられた。

---

　2)　平成26年報告書8〜9頁。
　3)　平成26年報告書8頁。

162　第2　逐条解説

法定刑については、

○　ストーカー行為罪については、軽犯罪法違反の罪より重く、刑法の罪より軽いものを処罰の対象としているとの位置付けであることには配意しつつ、法益侵害の程度や抑止効果等を総合的に勘案して、1年以下の懲役又は100万円以下の罰金

○　禁止命令等違反罪については、当時においても、行政手続を経た命令に従わず繰り返しつきまとい等を行うという悪質性等を考慮して、ストーカー行為罪よりも重い法定刑（ストーカー行為罪の2倍）とされていることから、この関係性を維持しつつ、法益侵害の程度、抑止効果、他の行政命令違反に対する罰則との均衡等を総合的に勘案して、2年以下の懲役又は200万円以下の罰金（禁止命令等に違反したがストーカー行為に該当しない場合は、6か月以下の懲役又は50万円以下の罰金）

に引き上げられた。

解説

ア　ストーカー行為罪（第18条）

　ストーカー行為をした者は、1年以下の懲役又は100万円以下の罰金とされている。ストーカー行為は、基本的には軽犯罪法で処罰の対象となっている行為よりも悪性が強く、刑法で規定されている犯罪よりも悪性の軽いものと考えられる。そこで、これらを勘案して、このような法定刑としたものと考えられる。

イ　禁止命令等違反罪（第19条、第20条）

　禁止命令等違反に対する罰則については、本法においては3つの類型に分けて規定されている。なお、罰則が設けられているのは、第5条第1項第1号に係る命令だけである。

　㋐　禁止命令等に違反してストーカー行為を行った場合（第19条第1項）

　法第19条第1項は、禁止命令等を受けた者が当該命令に違反してストーカー行為を行った場合の罰則である。「禁止命令等に違反してストーカー行

為をした者」であるから、禁止命令等を受けた後、当該命令等に違反して法第３条違反行為及びつきまとい等又は位置情報無承諾取得等を行い、それらがストーカー行為となる場合が本項の対象となる（図１参照）。第18条の罪の加重処罰類型と考えられる。

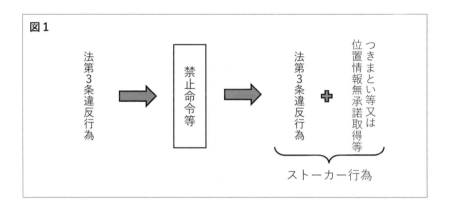

本項に違反した場合には、２年以下の懲役又は200万円以下の罰金に処せられることとなる。

(イ) 禁止命令等に違反してつきまとい等又は位置情報無承諾取得等をすることにより、ストーカー行為をした場合（第19条第２項）

第19条第２項は、禁止命令等を受けた者が当該命令に違反して法第３条違反行為をした場合で、当該命令を行う理由となった行為と命令違反の行為を通じて評価するとストーカー行為が成立している場合の罰則である。禁止命令等を行う原因となった行為と命令違反の行為を通じてストーカー行為と評価できるということは、被害者に対して行われていたのが第２条第１項第１号から第４号まで及び第５号（電子メールの送信等に係る部分に限る。）に該当するつきまとい等である場合には、身体の安全、住居等の平穏若しくは名誉が害され、又は行動の自由が著しく害される不安を覚えさせるような方法で行われる場合に限られることとなる（図２参照）。

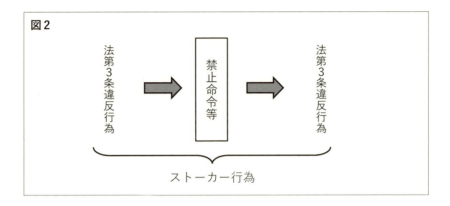

　本項に違反した場合も、第1項と同様、2年以下の懲役又は200万円以下の罰金に処せられることとなる。禁止命令等に違反していることと、結果としてストーカー行為を行っているという点で第1項と同等に評価すべきとされたためであると考えられる。本罪も、第18条の罪の加重処罰類型と考えられる。

　(ウ)　禁止命令等に違反した場合（第20条）

　法第20条の規定は、禁止命令等に違反した者についての罰則である。禁止命令等に違反して法第3条違反行為が行われたものの、ストーカー行為が成立しない場合に適用されるため、被害者に対して行われたつきまとい等が、第2条第1項第1号から第4号まで及び第5号（電子メールの送信等に係る部分に限る。）に該当するつきまとい等であり、それが身体の安全、住居等の平穏若しくは名誉が害され、又は行動の自由が著しく害される不安を覚えさせる方法では行われていなかった場合に限られることとなる（図3参照）。また、禁止命令等に先立って、その原因となった行為で既に検挙している場合に更に禁止命令等違反があり、いわゆる「一事不再理」の観点から、当該禁止命令等の原因となった行為と命令違反の行為を通じてストーカー行為と評価して第19条第2項を適用することが適当でないと認められるときは、命令に違反して行われた法第3条違反行為のみを捉えて法令を適用することも想定される。

図3

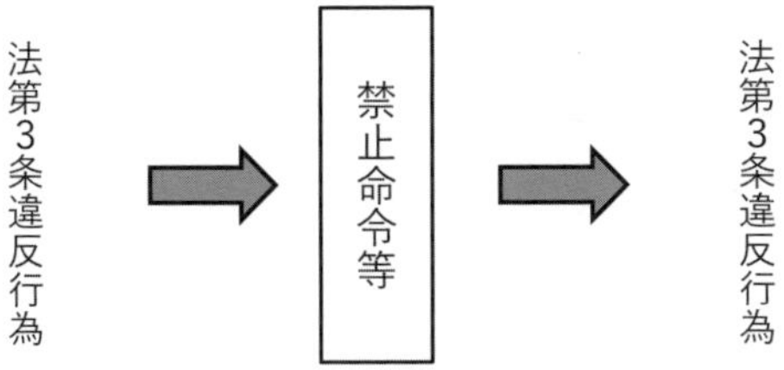

法第３条違反行為 ➡ 禁止命令等 ➡ 法第３条違反行為

※ 禁止命令前後の法第3条違反行為のいずれか又は双方が、第2条第1項第1号から第4号まで、第5号（電子メールの送信等に係る部分に限る。）に該当するつきまとい等であり、身体の安全、住居等の平穏若しくは名誉が害され、又は行動の自由が著しく害される不安を覚えさせる方法では行われていなかった場合に限られる。

　本条に違反した場合には、６か月以下の懲役又は50万円以下の罰金に処せられることとなる。

166　第2　逐条解説

18　適用上の注意（法第21条）

（適用上の注意）
第21条　この法律の適用に当たっては、国民の権利を不当に侵害しない
　　ように留意し、その本来の目的を逸脱して他の目的のためにこれを濫
　　用するようなことがあってはならない。

　本法で規制されるストーカー行為等は、これまで私人間で解決すべき問題
とされてきたようなものも含まれるものであり、本法の適切な運用が確保さ
れなければ、国民の権利を不当に侵害することにもなりかねない。そこで、
そのようなことのないよう、本条が設けられたものである[1]。

---

1)　「この問題は本当に、ぬれぎぬと申しましょうか、一方的な被害申し立てによりま
　　して警察が軽はずみに動きますと、冤罪といいましょうか、実際にストーカー行為を
　　やっていない者が職場等において警告をされたというような評判が立ったりしまして
　　大変な市民生活に影響をもたらすということもございますし、それから一般の熱心な
　　商売活動、あるいは先ほど申しましたような労働行為、その他紛らわしい、国民の権
　　利を侵害することがあってはならないということを特にこの条文に込めたわけであり
　　まして、今後、警察あるいは法務省等におきまして、この法案を運用するに当たりま
　　して細心の注意をいただくよう期待しておるところであります。」（平成12年5月16日
　　参議院地方行政・警察委員会松村龍二議員〔草案提案者〕答弁）

167

第3 参考資料

1 法、施行令、施行規則対照表

法	施行令・施行規則
（目的） **第1条** この法律は、ストーカー行為を処罰する等ストーカー行為等について必要な規制を行うとともに、その相手方に対する援助の措置等を定めることにより、個人の身体、自由及び名誉に対する危害の発生を防止し、あわせて国民の生活の安全と平穏に資することを目的とする。 （定義） **第2条** この法律において「つきまとい等」とは、特定の者に対する恋愛感情その他の好意の感情又はそれが満たされなかったことに対する怨恨の感情を充足する目的で、当該特定の者又はその配偶者、直系若しくは同居の親族その他当該特定の者と社会生活において密接な関係を有する者に対し、次の各号のいずれかに掲げる行為をすることをいう。 一 つきまとい、待ち伏せし、進路に立ちふさがり、住居、勤務先、学校その他その現に所在する場所若しくは通常所在する場所（以下「住居等」という。）の付近において見張りをし、住居等に押し掛け、又は住居等の付近をみだりにうろつくこと。 二 その行動を監視していると思わせるような事項を告げ、又はその知り得る状態に置くこと。 三 面会、交際その他の義務のないことを行うことを要求すること。 四 著しく粗野又は乱暴な言動をすること。 五 電話をかけて何も告げず、又は拒まれたにもかかわらず、連続して、電話をかけ、文書を送付し、ファクシミリ装置を用いて送信し、若しくは電子メールの送信等をすること。 六 汚物、動物の死体その他の著しく不快又は嫌悪の情を催させるような物を送付し、又はその知り得る状態に置くこと。 七 その名誉を害する事項を告げ、又はその知り得る状態に置くこと。 八 その性的羞恥心を害する事項を告げ若しくはそ	

の知り得る状態に置き、その性的羞恥心を害する文書、図画、電磁的記録（電子的方式、磁気的方式その他人の知覚によっては認識することができない方式で作られる記録であって、電子計算機による情報処理の用に供されるものをいう。以下この号において同じ。）に係る記録媒体その他の物を送付し若しくはその知り得る状態に置き、又はその性的羞恥心を害する電磁的記録その他の記録を送信し若しくはその知り得る状態に置くこと。

2　前項第5号の「電子メールの送信等」とは、次の各号のいずれかに掲げる行為（電話をかけること及びファクシミリ装置を用いて送信することを除く。）をいう。

一　電子メールその他のその受信をする者を特定して情報を伝達するために用いられる電気通信（電気通信事業法（昭和59年法律第86号）第2条第1号に規定する電気通信をいう。次号において同じ。）の送信を行うこと。

二　前号に掲げるもののほか、特定の個人がその入力する情報を電気通信を利用して第三者に閲覧させることに付随して、その第三者が当該個人に対し情報を伝達することができる機能が提供されるものの当該機能を利用する行為をすること。

3　この法律において「位置情報無承諾取得等」とは、特定の者に対する恋愛感情その他の好意の感情又はそれが満たされなかったことに対する怨恨の感情を充足する目的で、当該特定の者又はその配偶者、直系若しくは同居の親族その他当該特定の者と社会生活において密接な関係を有する者に対し、次の各号のいずれかに掲げる行為をすることをいう。

一　その承諾を得ないで、その所持する位置情報記録・送信装置（当該装置の位置に係る位置情報（地理空間情報活用推進基本法（平成19年法律第63号）第2条第1項第1号に規定する位置情報をいう。以下この号において同じ。）を記録し、又は送信する機能を有する装置で政令で定めるものをいう。以下この号及び次号において同じ。）（同号に規定する行為がされた位置情報記録・送信装置を含む。）により記録され、又は送信される当該位置情報記録・送信装置の位置に係る位置情報を政令で定める方法により取得すること。

（位置情報記録・送信装置の範囲）

施行令第1条　ストーカー行為等の規制等に関する法律（以下「法」という。）第2条第3項第1号の政令で定める装置は、地理空間情報活用推進基本法（平成19年法律第63号）第2条第4項に規定する衛星測位の技術を用いて得られる当該装置の位置に係る位置情報を電磁的記録（電子的方式、磁気的方式その他人の知覚によっては認識することができない方式で作られる記録であって、電子計算機による情報処理の用に供されるものをいう。次条において同じ。）として記録し、又はこれを送信する機能を有する装置をいう。

1 法、施行令、施行規則対照表 169

（位置情報の取得方法）

施行令第2条 法第2条第3項第1号の政令で定める方法は、次に掲げる方法とする。

一 位置情報記録・送信装置の映像面上において、電磁的記録として記録された位置情報を視覚により認識することができる状態にして閲覧する方法

二 位置情報記録・送信装置により記録された電磁的記録に係る記録媒体を取得する方法（当該電磁的記録を他の記録媒体に複写する方法を含む。）

三 位置情報記録・送信装置により送信された電磁的記録を受信する方法（当該方法により取得された位置情報を他人の求めに応じて提供する役務を提供する者から当該役務を利用して当該位置情報の提供を受ける方法を含む。）

二 その承諾を得ないで、その所持する物に位置情報記録・送信装置を取り付けること、位置情報記録・送信装置を取り付けた物を交付することその他その移動に伴い位置情報記録・送信装置を移動し得る状態にする行為として政令で定める行為をすること。

（位置情報記録・送信装置を移動し得る状態にする行為）

施行令第3条 法第2条第3項第2号の政令で定める行為は、次に掲げる行為とする。

一 その所持する物に位置情報記録・送信装置を差し入れること。

二 位置情報記録・送信装置を差し入れた物を交付すること。

三 その移動の用に供されることとされ、又は現に供されている道路交通法（昭和35年法律第105号）第2条第1項第9号に規定する自動車、同項第10号に規定する原動機付自転車、同項第

4 この法律において「ストーカー行為」とは、同一の者に対し、つきまとい等（第1項第1号から第4号まで及び第5号（電子メールの送信等に係る部分に限る。）に掲げる行為については、身体の安全、住居等の平穏若しくは名誉が害され、又は行動の自由が著しく害される不安を覚えさせるような方法により行われる場合に限る。）又は位置情報無承諾取得等を反復してすることをいう。

（つきまとい等又は位置情報無承諾取得等をして不安を覚えさせることの禁止）
第3条 何人も、つきまとい等又は位置情報無承諾取得等をして、その相手方に身体の安全、住居等の平穏若しくは名誉が害され、又は行動の自由が著しく害される不安を覚えさせてはならない。

（警告）
第4条 警視総監若しくは道府県警察本部長又は警察署長（以下「警察本部長等」という。）は、つきまとい等又は位置情報無承諾取得等をされたとして当該つきまとい等又は位置情報無承諾取得等に係る警告を求める旨の申出を受けた場合において、当該申出に係る前条の規定に違反する行為があり、かつ、当該行為をした者が更に反復して当該行為をするおそれがあると認めるときは、当該行為をした者に対し、国家公安委員会規則で定めるところにより、更に反復して当該行為をしてはならない旨を警告することができる。

11号の2に規定する自転車、同項第11号の3に規定する移動用小型車、同項第11号の4に規定する身体障害者用の車又は道路交通法施行令（昭和35年政令第270号）第1条第1号に規定する歩行補助車（それぞれその所持する物に該当するものを除く。）に位置情報記録・送信装置を取り付け、又は差し入れること。

（警告の申出の受理）
施行規則第1条 ストーカー行為等の規制等に関する法律（以下「法」という。）第4条第1項の申出（以下「警告の申出」という。）の受理は、別記様式第1号の警告申出書の提出を受けることにより（当該申出が口頭によるものであるときは、別記様式第1号の警告申出書に記入を求め、又は警察職員が代書することにより）、行うものとする。

2 一の警察本部長等が前項の規定による警告（以下「警告」という。）をした場合には、他の警察本部長等は、当該警告を受けた者に対し、当該警告に係る前条の規定に違反する行為について警告をすることができない。

（警告の方法）
施行規則第2条 法第4条第2項に規定する警告（以下単に「警告」という。）は、別記様式第2号の警告書を交付して行うものとする。
2 前項の規定にかかわらず、緊急を要し別記様式第2号の警告書を交付するいとまがないときは、警告を口頭で行うことができる。この場合において、別記様式第2号の警告書は、可能な限り速やかにこれを交付するものとする。

3 警察本部長等は、警告をしたときは、速やかに、当該警告の内容及び日時を第1項の申出をした者に通知しなければならない。

4 警察本部長等は、警告をしなかったときは、速やかに、その旨及びその理由を第1項の申出をした者に書面により通知しなければならない。

（警告に係る通知の書面）
施行規則第3条 法第4条第4項の規定による通知は、別記様式第3号の通知書により行うものとする。

5 前各項に定めるもののほか、第1項の申出の受理及び警告の実施に関し必要な事項は、国家公安委員会規則で定める。

（禁止命令等）
第5条 都道府県公安委員会（以下「公安委員会」という。）は、第3条の規定に違反する行為があった場合において、当該行為をした者が更に反復して当該行為をするおそれがあると認めるときは、その相手方の申出により、又は職権で、当該行為をした者に対し、国家公安委員会規則で定めるところにより、次に掲げる事項を命ずることができる。
一 更に反復して当該行為をしてはならないこと。
二 更に反復して当該行為が行われることを防止するために必要な事項

（禁止命令等の申出の受理）
施行規則第4条 法第5条第1項又は第3項の申出（以下「禁止命令等の申出」という。）の受理は、別記様式第4号の禁止命令等申出書の提出を受けることにより（当該申出が口頭によるものであるときは、別記様式第4号の禁止命令等申出書に記入を求め、又は警察職員が代書することにより）、行うものとする。

2 公安委員会は、前項の規定による命令（以下「禁止命令等」という。）をしようとするときは、行政手続法（平成5年法律第88号）第13条第1項の規定による意見陳述のための手続の区分にかかわらず、聴聞を行わなければならない。

3　公安委員会は、第1項に規定する場合において、第3条の規定に違反する行為の相手方の身体の安全、住居等の平穏若しくは名誉が害され、又は行動の自由が著しく害されることを防止するために緊急の必要があると認めるときは、前項及び行政手続法第13条第1項の規定にかかわらず、聴聞又は弁明の機会の付与を行わないで、当該相手方の申出により（当該相手方の身体の安全が害されることを防止するために緊急の必要があると認めるときは、その申出により、又は職権で）、禁止命令等をすることができる。この場合において、当該禁止命令等をした公安委員会は、意見の聴取を、当該禁止命令等をした日から起算して15日以内（当該禁止命令等をした日から起算して15日以内に次項において準用する同法第15条第3項の規定により意見の聴取の通知を行った場合にあっては、当該通知が到達したものとみなされる日から14日以内）に行わなければならない。

4　行政手続法第3章第2節（第28条を除く。）の規定は、公安委員会が前項後段の規定による意見の聴取を行う場合について準用する。この場合において、同法第15条第1項中「聴聞を行うべき期日までに相当な期間をおいて」とあるのは「速やかに」と、同法第26条中「不利益処分の決定をするときは」とあるのは「ストーカー行為等の規制等に関する法律（平成12年法律第81号）第5条第3項後段の規定による意見の聴取を行ったときは」と、「参酌してこれをしなければ」とあるのは「考慮しなければ」と読み替えるほか、必要な技術的読替えは、政令で定める。

5　一の公安委員会が禁止命令等をした場合には、他の公安委員会は、当該禁止命令等を受けた者に対し、当該禁止命令等に係る第3条の規定に違反する行為について禁止命令等をすることができない。

6　公安委員会は、第1項又は第3項の申出を受けた場合において、禁止命令等をしたときは、速やかに、当該禁止命令等の内容及び日時を当該申出をした者に通知しなければならない。

7　公安委員会は、第1項又は第3項の申出を受けた場合において、禁止命令等をしなかったときは、速やかに、その旨及びその理由を当該申出をした者に書面により通知しなければならない。

（行政手続法を準用する場合の読替え）

施行令第4条　法第5条第4項の規定による行政手続法（平成5年法律第88号）の準用についての技術的読替えは、次の表のとおりとする。

（表略）

※　施行令第4条の規定による読替え後の行政手続法第3章第2節（第28条を除く。）については、後記2参照。

（禁止命令等に係る通知の書面）

施行規則第5条　法第5条第7項の規定による通知は、別記様式第5号の通知書により行うものとする。

1 法、施行令、施行規則対照表 173

	（住所又は居所の移転に関する警察署長への届出） **施行規則第6条** 警告の申出をした者（当該警告の申出に係る法第4条第3項又は第4項の通知を受けた者を除く。）又は禁止命令等の申出をした者（当該禁止命令等の申出に係る法第5条第6項又は第7項の通知を受けた者を除く。）は、警察署の管轄区域を異にして住所又は居所を移転しようとするときは、移転後の住所又は居所を現在の住所又は居所の所在地を管轄する警察署長に届け出なければならない。
	（他の警察本部長への通知） **施行規則第7条** 警視総監又は道府県警察本部長は、前条の規定による届出に係る移転後の住所又は居所の所在地が他の都道府県警察の管轄区域内にある場合には、速やかに、当該届出をした者の氏名、住所（移転した場合は、移転後の住所）及び居所（移転した場合は、移転後の居所）を当該他の都道府県警察の警視総監又は道府県警察本部長に通知するものとする。
8 禁止命令等の効力は、禁止命令等をした日から起算して1年とする。	
9 公安委員会は、禁止命令等をした場合において、前項の期間の経過後、当該禁止命令等を継続する必要があると認めるときは、当該禁止命令等に係る事案に関する第3条の規定に違反する行為の相手方の申出により、又は職権で、当該禁止命令等の有効期間を1年間延長することができる。当該延長に係る期間の経過後、これを更に延長しようとするときも、同様とする。	（禁止命令等有効期間延長処分の申出の受理） **施行規則第8条** 法第5条第9項の申出の受理は、別記様式第6号の禁止命令等有効期間延長処分申出書の提出を受けることにより（当該申出が口頭によるものであるときは、

別記様式第6号の禁止命令等有効期間延長処分申出書に記入を求め、又は警察職員が代書することにより）、行うものとする。

10　第2項の規定は禁止命令等の有効期間の延長をしようとする場合について、第6項及び第7項の規定は前項の申出を受けた場合について準用する。この場合において、第6項中「禁止命令等を」とあるのは「第9項の規定による禁止命令等の有効期間の延長の処分を」と、「当該禁止命令等の」とあるのは「当該処分の」と、第7項中「禁止命令等」とあるのは「第9項の規定による禁止命令等の有効期間の延長の処分」と読み替えるものとする。

（禁止命令等有効期間延長処分に係る通知の書面）
施行規則第9条　法第5条第10項において準用する同条第7項の規定による通知は、別記様式第7号の通知書により行うものとする。

11　禁止命令等又は第9項の規定による禁止命令等の有効期間の延長の処分は、国家公安委員会規則で定める書類を送達して行う。ただし、緊急を要するため当該書類を送達するいとまがないときは、口頭ですることができる。

12　前項の規定により送達すべき書類について、その送達を受けるべき者の住所及び居所が明らかでない場合には、当該禁止命令等又は当該処分をする公安委員会は、その送達に代えて公示送達をすることができる。

（命令等の送達に係る書類）
施行規則第10条　法第5条第11項の国家公安委員会規則で定める書類は、次の各号に掲げる区分に応じ、当該各号に定めるとおりとする。
一　法第5条第1項又は第3項の規定による禁止命令等（以下「禁止命令等」という。）　別記様式第8号の禁止等命令書
二　法第5条第9項の規定による禁止命令等の有効期間の延長の処分（以下「禁止命令等有効期間延長処分」という。）　別記様式第9号の禁止命令等有効期間延長処分書

（書類の送達）
施行規則第11条　法第5条第11項の規定により送達する書類は、交付送達により、その送達を受けるべき者の住所又は居所（事務所及び事業所を含む。以下この条において同じ。）に送達するものとする。ただし、交付送達により送達

することができないやむを得
ない事情があるときは、郵便
又は民間事業者による信書の
送達に関する法律（平成14年
法律第99号）第2条第6項に
規定する一般信書便事業者若
しくは同条第9項に規定する
特定信書便事業者による同条
第2項に規定する信書便によ
る送達により、その送達を受
けるべき者の住所又は居所に
送達することができる。

（交付送達）
施行規則第12条　交付送達は、
警察職員が、前条の規定によ
り送達すべき場所において、
その送達を受けるべき者に書
類を交付して行うものとす
る。ただし、その者に異議が
ないときは、その他の場所に
おいて交付することができ
る。
2　次の各号に掲げる場合のい
ずれかに該当するときであっ
て、送達を受けるべき者に書
類を交付しないで当該書類を
送達すべき差し迫った必要が
あるときは、交付送達は、前
項の規定による交付に代え、
それぞれ当該各号に定める行
為により行うことができる。
一　送達すべき場所において
書類の送達を受けるべき者
に出会わない場合　その使
用人その他の従業者又は同
居の者で書類の受領につい
て相当のわきまえのあるも
のに書類を交付すること。
二　書類の送達を受けるべき
者その他前号に規定する者
が送達すべき場所にいない
場合又はこれらの者が正当
な理由がなく書類の受領を

13　公示送達は、送達すべき書類の名称、その送達を受けるべき者の氏名及び公安委員会がその書類をいつでも送達を受けるべき者に交付する旨を当該公安委員会の掲示板に掲示して行う。

14　前項の場合において、掲示を始めた日から起算して2週間を経過したときは、書類の送達があったものとみなす。

15　前各項に定めるもののほか、禁止命令等、第3項後段の規定による意見の聴取及び第11項の規定による送達の実施に関し必要な事項は、国家公安委員会規則で定める。

（ストーカー行為等に係る情報提供の禁止）

第6条　何人も、ストーカー行為又は第3条の規定に違反する行為（以下「ストーカー行為等」という。）をするおそれがある者であることを知りながら、その者に対し、当該ストーカー行為等の相手方の氏名、住所その他の当該ストーカー行為等の相手方に係る情報でストーカー行為等をするために必要となるものを提供してはならない。

（警察本部長等の援助等）

第7条　警察本部長等は、ストーカー行為等の相手方から当該ストーカー行為等に係る被害を自ら防止するための援助を受けたい旨の申出があり、その申出を相当と認めるときは、当該相手方に対し、当該ストーカー行為等に係る被害を自ら防止するための措置の教示その他国家公安委員会規則で定める必要な援助を行うものとする。

拒んだ場合　送達すべき場所に書類を差し置くこと。

（公示送達の方法）

施行規則第13条　法第15条及びストーカー行為等の規制等に関する法律施行令（平成12年政令第467号）第5条の規定により方面公安委員会が行う禁止命令等又は禁止命令等有効期間延長処分に係る法第5条第12項の規定による公示送達については、法第5条第13項の規定による掲示は、当該方面公安委員会の掲示板において行うものとする。

（援助の申出の受理）

施行規則第14条　法第7条第1項の申出の受理は、警察本部長等が別記様式第10号の援助申出書の提出を受けることにより（当該申出が口頭によるものであるときは、別記様式第10号の援助申出書に記入を求め、又は警察職員が代書することにより）、行うものとする。

（警察本部長等による援助）

施行規則第15条　法第7条第1項の国家公安委員会規則で定める援助は、次のとおりとする。

一 申出に係るストーカー行為等をした者に対し、当該申出をした者が当該ストーカー行為等に係る被害を防止するための交渉（以下この条において「被害防止交渉」という。）を円滑に行うために必要な事項を連絡すること。

二 申出に係るストーカー行為等をした者の氏名及び住所その他の連絡先を教示すること。

三 被害防止交渉を行う際の心構え、交渉方法その他の被害防止交渉に関する事項について助言すること。

四 ストーカー行為等に係る被害の防止に関する活動を行っている民間の団体その他の組織がある場合にあっては、当該組織を紹介すること。

五 被害防止交渉を行う場所として警察施設を利用させること。

六 防犯ブザーその他ストーカー行為等に係る被害の防止に資する物品の教示又は貸出しをすること。

七 申出に係るストーカー行為等について警告、禁止命令等又は禁止命令等有効期間延長処分を実施したことを明らかにする書面を交付すること。

八 その他申出に係るストーカー行為等に係る被害を自ら防止するために適当と認める援助を行うこと。

2 警察本部長等は、前項の援助を行うに当たっては、関係行政機関又は関係のある公私の団体と緊密な連携を図るよう努めなければならない。

3 警察本部長等は、第1項に定めるもののほか、ス
トーカー行為等に係る被害を防止するための措置を
講ずるよう努めなければならない。
4 第1項及び第2項に定めるもののほか、第1項の
申出の受理及び援助の実施に関し必要な事項は、国
家公安委員会規則で定める。

（職務関係者による配慮等）
第8条 ストーカー行為等に係る相手方の保護、捜査、
裁判等に職務上関係のある者（次項において「職務
関係者」という。）は、その職務を行うに当たり、
当該ストーカー行為等の相手方の安全の確保及び秘
密の保持に十分な配慮をしなければならない。
2 国及び地方公共団体は、職務関係者に対し、ストー
カー行為等の相手方の人権、ストーカー行為等の特
性等に関する理解を深めるために必要な研修及び啓
発を行うものとする。
3 国、地方公共団体等は、前2項に規定するものの
ほか、その保有する個人情報の管理について、ストー
カー行為等の防止のために必要な措置を講ずるよう
努めなければならない。

（国、地方公共団体、関係事業者等の支援）
第9条 国及び地方公共団体は、ストーカー行為等の
相手方に対する女性相談支援センターその他適切な
施設による支援、民間の施設における滞在について
の支援及び公的賃貸住宅への入居についての配慮に
努めなければならない。
2 ストーカー行為等に係る役務の提供を行った関係
事業者は、当該ストーカー行為等の相手方からの求
めに応じて、当該ストーカー行為等が行われること
を防止するための措置を講ずること等に努めるもの
とする。
3 ストーカー行為等が行われている場合には、当該
ストーカー行為等が行われている地域の住民は、当
該ストーカー行為等の相手方に対する援助に努める
ものとする。

（調査研究の推進）
第10条 国及び地方公共団体は、ストーカー行為等を
した者を更生させるための方法、ストーカー行為等
の相手方の心身の健康を回復させるための方法等に
関する調査研究の推進に努めなければならない。

（ストーカー行為等の防止等に資するためのその他
の措置）
第11条　国及び地方公共団体は、ストーカー行為等の
防止及びストーカー行為等の相手方の保護に資する
ための次に掲げる措置を講ずるよう努めなければな
らない。
一　ストーカー行為等の実態の把握
二　人材の養成及び資質の向上
三　教育活動、広報活動等を通じた知識の普及及び
啓発
四　民間の自主的な組織活動との連携協力及びその
支援

（支援等を図るための措置）
第12条　国及び地方公共団体は、第9条第1項及び前
2条の支援等を図るため、必要な体制の整備、民間
の自主的な組織活動の支援に係る施策を実施するた
めに必要な財政上の措置その他必要な措置を講ずる
よう努めなければならない。

（報告徴収等）
第13条　警察本部長等は、警告をするために必要があ
ると認めるときは、その必要な限度において、第4
条第1項の申出に係る第3条の規定に違反する行為
をしたと認められる者その他の関係者に対し、報告
若しくは資料の提出を求め、又は警察職員に当該行
為をしたと認められる者その他の関係者に質問させ
ることができる。
2　公安委員会は、禁止命令等（第5条第9項の規定
による禁止命令等の有効期間の延長の処分を含む。）
をするために必要があると認めるときは、その必要
な限度において、当該第3条の規定に違反する行為
をしたと認められる者その他の関係者に対し、報告
若しくは資料の提出を求め、又は警察職員に当該行
為をしたと認められる者その他の関係者に質問させ
ることができる。

（禁止命令等を行う公安委員会等）
第14条　この法律における公安委員会は、禁止命令等
及び第5条第2項の聴聞に関しては、当該禁止命令
等及び同項の聴聞に係る事案に関する第3条の規定
に違反する行為の相手方の住所若しくは居所若しく
は当該禁止命令等及び第5条第2項の聴聞に係る第
3条の規定に違反する行為をした者の住所（日本国

内に住所がないとき又は住所が知れないときは居
所）の所在地又は当該行為が行われた地を管轄する
公安委員会とする。
2　公安委員会は、第5条第2項の聴聞を終了してい
るときは、次に掲げる事由が生じた場合であっても、
当該聴聞に係る禁止命令等をすることができるもの
とし、当該他の公安委員会は、前項の規定にかかわ
らず、当該聴聞に係る禁止命令等をすることができ
ないものとする。
　一　当該聴聞に係る事案に関する第3条の規定に違
　　反する行為の相手方がその住所又は居所を他の公
　　安委員会の管轄区域内に移転したこと。
　二　当該聴聞に係る事案に関する第3条の規定に違
　　反する行為をした者がその住所（日本国内に住所
　　がないとき又は住所が知れないときは居所）を他
　　の公安委員会の管轄区域内に移転したこと。
3　この法律における警察本部長等は、警告に関して
は、当該警告に係る第4条第1項の申出をした者の
住所若しくは居所若しくは当該申出に係る第3条の
規定に違反する行為をした者の住所（日本国内に住
所がないとき又は住所が知れないときは居所）の所
在地又は当該行為が行われた地を管轄する警察本部
長等とする。

（方面公安委員会への権限の委任） **第15条**　この法律により道公安委員会の権限に属する事務は、政令で定めるところにより、方面公安委員会に委任することができる。	（方面公安委員会への権限の委任） **施行令第5条**　法の規定により道公安委員会の権限に属する事務は、道警察本部の所在地を包括する方面を除く方面については、当該方面公安委員会が行う。
（方面本部長への権限の委任） **第16条**　この法律により道警察本部長の権限に属する事務は、政令で定めるところにより、方面本部長に行わせることができる。	（方面本部長への権限の委任） **施行令第6条**　法の規定により道警察本部長の権限に属する事務は、道警察本部の所在地を包括する方面を除く方面については、当該方面本部長が行う。

（公安委員会の事務の委任）

第17条　この法律により公安委員会の権限に属する事務は、警察本部長等に行わせることができる。

2　方面公安委員会は、第15条の規定により道公安委員会から委任された事務のうち、前項の事務を方面本部長又は警察署長に行わせることができる。

（罰則）

第18条　ストーカー行為をした者は、1年以下の懲役又は100万円以下の罰金に処する。

第19条　禁止命令等（第5条第1項第1号に係るものに限る。以下同じ。）に違反してストーカー行為をした者は、2年以下の懲役又は200万円以下の罰金に処する。

2　前項に規定するもののほか、禁止命令等に違反してつきまとい等又は位置情報無承諾取得等をすることにより、ストーカー行為をした者も、同項と同様とする。

第20条　前条に規定するもののほか、禁止命令等に違反した者は、6月以下の懲役又は50万円以下の罰金に処する。

（適用上の注意）

第21条　この法律の適用に当たっては、国民の権利を不当に侵害しないように留意し、その本来の目的を逸脱して他の目的のためにこれを濫用するようなことがあってはならない。

2 施行規則別記様式

別記様式第1号（第1条関係）

その1	※受理年月日		※受理番号	

警　告　申　出　書

　ストーカー行為等の規制等に関する法律第4条第1項の規定による警告を
次のとおり求めます。

年　　　月　　　日

　　　　　　　　　殿

氏名及び住所

申出人	住　　所	電話（　　　）　　　－　　　番
	居　　所	電話（　　　）　　　－　　　番
	（ふりがな） ―――――――― 氏　　名	 （　　歳）
つきまとい等又は位置情報無承諾取得等をした者の住所、氏名、人相、体格、特徴、服装等		

その2

つきまとい等又は位置情報無承諾取得等の行為の態様及び目的と思われる事項	
その他参考事項	

記載要領
1　※印欄には、記載しないこと。
2　「つきまとい等又は位置情報無承諾取得等をした者の住所、氏名、人相、体格、特徴、服装等」欄に「住所」を記載しようとする場合であって、その者の住所が日本国内にないとき又は住所が知れないときは、居所を記載すること。
3　申出人の依頼によって警察職員が代書したときは、末尾空欄に「上記本人の依頼により代書した。」旨並びに所属、官職及び氏名を記載し、押印すること。
4　所定の欄に記載し得ないときは、別紙に記載の上、これを添付すること。

　備考　用紙の大きさは、日本産業規格Ａ４とすること。

184 第3 参考資料

別記様式第2号（第2条関係）

その1

第　　　号

警　　告　　書

年　月　日

殿

印

警告を受ける者	住　所　等	
	氏　　　名	
	生 年 月 日	年　　　月　　　日

　上記の者に対し、ストーカー行為等の規制等に関する法律第4条第1項の規定により、下記のとおり警告する。

警 告 の 内 容	

その2

警告をする理由	

記載要領
1　「住所等」欄には、住所（日本国内に住所がないとき又は住所が知れないときは居所）を記載すること。
2　所定の欄に記載し得ないときは、別紙に記載の上、これを添付すること。

　備考　用紙の大きさは、日本産業規格Ａ４とすること。

別記様式第3号（第3条関係）

第　　　　号

通　　知　　書

住　　所

年　　月　　日

殿

㊞

　　　年　　月　　日に受理した警告の申出（警告申出書受理番号

　　）について、ストーカー行為等の規制等に関する法律第4条第1項の警告をしなかったので、同条第4項の規定により通知します。

警告をしなかった理由	□　申出に係る法第3条の規定に違反する行為が認められない。 □　申出に係る法第3条の規定に違反する行為をした者が更に反復して当該行為をするおそれがあると認められない。 □　申出に係る法第3条の規定に違反する行為について　　　　　　　　　が警告をしている。 □　その他

記載要領
　所定の欄に記載し得ないときは、別紙に記載の上、これを添付すること。

　備考　用紙の大きさは、日本産業規格A4とすること。

別記様式第4号（第4条関係）

その1	※受理年月日		※受理番号	

禁 止 命 令 等 申 出 書

　ストーカー行為等の規制等に関する法律第5条第1項又は第3項の規定による命令を次のとおり求めます。

年　　月　　日

　　　　　　　　殿

氏名及び住所

申出人	住　　　所	電話（　　　）　　　－　　　番
	居　　　所	電話（　　　）　　　－　　　番
	（ふりがな）	
	氏　　　名	（　　歳）
つきまとい等又は位置情報無承諾取得等をした者の住所、氏名、人相、体格、特徴、服装等		

188　第3　参考資料

その2	
つきまとい等又は位置情報無承諾取得等の行為の態様及び目的と思われる事項	
その他参考事項	

記載要領
1　※印欄には、記載しないこと。
2　「つきまとい等又は位置情報無承諾取得等をした者の住所、氏名、人相、体格、特徴、服装等」欄に「住所」を記載しようとする場合であって、その者の住所が日本国内にないとき又は住所が知れないときは、居所を記載すること。
3　申出人の依頼によって警察職員が代書したときは、末尾空欄に「上記本人の依頼により代書した。」旨並びに所属、官職及び氏名を記載し、押印すること。
4　所定の欄に記載し得ないときは、別紙に記載の上、これを添付すること。

備考　用紙の大きさは、日本産業規格Ａ4とすること。

別記様式第 5 号（第 5 条関係）

<table>
<tr><td colspan="2" align="right">第　　　　　号</td></tr>
<tr><td colspan="2" align="center">通　知　書</td></tr>
<tr><td>住　所</td><td></td></tr>
<tr><td></td><td align="right">年　　月　　日</td></tr>
<tr><td>　　　　　殿</td><td></td></tr>
<tr><td></td><td align="right">印</td></tr>
</table>

　　　　　年　　月　　日に受理した禁止命令等の申出（禁止命令等申出書受理番号　　　　）について、ストーカー行為等の規制等に関する法律第 5 条第 2 項に規定する禁止命令等をしなかったので、同条第 7 項の規定により通知します。

禁止命令等をしなかった理由	□　申出に係る法第 3 条の規定に違反する行為が認められない。 □　申出に係る法第 3 条の規定に違反する行為をした者が更に反復して当該行為をするおそれがあると認められない。 □　申出に係る法第 3 条の規定に違反する行為について　　　　　　　　　が禁止命令等をしている。 □　その他

記載要領
　所定の欄に記載し得ないときは、別紙に記載の上、これを添付すること。

　備考　用紙の大きさは、日本産業規格 A 4 とすること。

190 第3 参考資料

別記様式第6号（第8条関係）

その1	※受理年月日		※受理番号	

禁止命令等有効期間延長処分申出書

　ストーカー行為等の規制等に関する法律第5条第9項の規定による禁止命令等の有効期間の延長の処分を次のとおり求めます。

年　　　月　　　日

　　　　　　　　　殿

　　　　　　　　　　　氏名及び住所

申出人	住　　　所	電話（　　　）　　　－　　　番
	居　　　所	電話（　　　）　　　－　　　番
	（ふりがな）	
	氏　　　名	（　　歳）
有効期間の延長の処分を求める命令	命令の申出をした日	年　　　月　　　日
	命令に係る法第3条の規定に違反する行為をした者の住所等及び氏名	
	※命令番号	号
	※有効期間	年　　月　　日から　　年　　月　　日まで

2　施行規則別記様式　191

その2	
禁止命令等の有効期間の延長の処分を求める理由	
その他参考事項	

記載要領
1　※印欄には、記載しないこと。
2　「命令に係る法第3条の規定に違反する行為をした者の住所等及び氏名」欄には、その者の住所（日本国内に住所がないとき又は住所が知れないときは居所）及び氏名を記載すること。
3　申出人の依頼によって警察職員が代書したときは、末尾空欄に「上記本人の依頼により代書した。」旨並びに所属、官職及び氏名を記載し、押印すること。
4　所定の欄に記載し得ないときは、別紙に記載の上、これを添付すること。

　備考　用紙の大きさは、日本産業規格A4とすること。

192　第3　参考資料

別記様式第7号（第9条関係）

<table>
<tr><td colspan="2">

　　　　　　　　　　　　　　　　　　　　　　　第　　　　　号

　　　　　　　　　　　通　　　知　　　書

　住　　所

　　　　　　　　　　　　　　　　　　　　　年　　　月　　　日

　　　　　殿

　　　　　　　　　　　　　　　　　　　　　　　　　　　㊞

　　　　　年　　　月　　　日に受理した禁止命令等の有効期間の延長の処分の
申出（禁止命令等有効期間延長申出書受理番号　　　　　　　）について、ス
トーカー行為等の規制等に関する法律第5条第9項に規定する禁止命令等の
有効期間の延長の処分をしなかったので、同条第10項において準用する同条
第7項の規定により通知します。
</td></tr>
<tr><td>

処分をしなかっ
た理由
</td><td>

</td></tr>
</table>

記載要領
　所定の欄に記載し得ないときは、別紙に記載の上、これを添付すること。

備考　用紙の大きさは、日本産業規格A4とすること。

別記様式第 8 号（第10条関係）

その1

第　　　　号

禁 止 等 命 令 書

年　　月　　日

殿

印

命令を受ける者	住　所　等	
	氏　　　名	
	生 年 月 日	年　　　　月　　　　日

　上記の者に対し、ストーカー行為等の規制等に関する法律第５条第１項の第５条第３項
規定により、下記のとおり命令する。

命令の内容	法第５条第１項第１号に掲げる事項	
	法第５条第１項第２号に掲げる事項	
命令の有効期間		年　　月　　日から　　　年　　月　　日まで

194　第3　参考資料

その2

命 令 を す る 理 由	

記載要領
1　「住所等」欄には、住所（日本国内に住所がないとき又は住所が知れな
　いときは居所）を記載すること。
2　所定の欄に記載し得ないときは、別紙に記載の上、これを添付するこ
　と。
3　不要の文字は、横線で消すこと。

　　この処分に不服があるときは、処分があったことを知った日の翌日か
ら起算して3か月以内に、　　　　　公安委員会に対して審査請求をする
ことができます（処分があったことを知った日から3か月以内であって
も、処分の日から1年を経過すると審査請求ができなくなります。）。
　　また、処分の取消しの訴え（取消訴訟）は、処分があったことを知っ
た日の翌日から起算して6か月以内に、　　　　　を被告として（訴訟
において　　　　　を代表する者は　　　　公安委員会となります。）提
起しなければなりません（なお、処分があったことを知った日から6か
月以内であっても、処分の日から1年を経過すると処分の取消しの訴え
を提起することができなくなります。）。ただし、　　　　　公安委員会に
対して審査請求をした場合には、処分の取消しの訴えは、その審査請求
に対する裁決の送達を受けた日の翌日から起算して6か月以内に提起し
なければならないこととされています。

備考　用紙の大きさは、日本産業規格A4とすること。

別記様式第9号（第10条関係）

その1

第　　　号

禁 止 命 令 等 有 効 期 間 延 長 処 分 書

年　　月　　日

殿

印

有効期間の延長の処分を受ける者	住　所　等	
	氏　　　名	
	生 年 月 日	年　　月　　日

　上記の者に対し、ストーカー行為等の規制等に関する法律第5条第9項の規定により、下記のとおり禁止命令等（　　　年　　　月　　　日付け　　　号）の有効期間の延長の処分をする。

有効期間の延長の処分をする命令の内容	法第5条第1項第1号に掲げる事項	
	法第5条第1項第2号に掲げる事項	
	延長後の命令の有効期間	年　　月　　日から　　　年　　月　　日まで

196　第3　参考資料

その2

有効期間の延長の処分をする理由	

記載要領
1　「住所等」欄には、住所（住所が日本国内にないとき又は当該住所が知れないときは居所）を記載すること。
2　所定の欄に記載し得ないときは、別紙に記載の上、これを添付すること。

　　この処分に不服があるときは、処分があったことを知った日の翌日から起算して3か月以内に、　　　　　公安委員会に対して審査請求をすることができます（処分があったことを知った日から3か月以内であっても、処分の日から1年を経過すると審査請求ができなくなります。）。
　　また、処分の取消しの訴え（取消訴訟）は、処分があったことを知った日の翌日から起算して6か月以内に、　　　　　を被告として（訴訟において　　　　　を代表する者は　　　　　公安委員会となります。）提起しなければなりません（なお、処分があったことを知った日から6か月以内であっても、処分の日から1年を経過すると処分の取消しの訴えを提起することができなくなります。）。ただし、　　　　　公安委員会に対して審査請求をした場合には、処分の取消しの訴えは、その審査請求に対する裁決の送達を受けた日の翌日から起算して6か月以内に提起しなければならないこととされています。

　備考　用紙の大きさは、日本産業規格A4とすること。

2 施行規則別記様式 197

別記様式第10号 （第14条関係）

※ 受理年月日		※ 受理番号	

援 助 申 出 書

　ストーカー行為等の規制等に関する法律第7条第1項の規定による援助を
受けたいので、次のとおり申し出ます。

　　　　　　　　　　　　　　　　　　　　　　　　　年　　月　　日
　　　　殿

　　　　　　　　　　氏名及び住所

申出人	住 所 等	電話（　　　）　　－　　　番
	（ふりがな）	
	氏　　名	（　　　歳）
ストーカー行為等をした者	住 所 等	電話（　　　）　　－　　　番
	（ふりがな）	
	氏　　名	（　　　歳）
受けたい援助の内容		1　被害防止交渉を円滑に行うための必要な事項の連絡 2　ストーカー行為等をした者の氏名及び連絡先の教示 3　被害防止交渉に関する事項についての助言 4　被害の防止に関する活動を行っている組織の紹介 5　被害防止交渉を行う場所としての警察施設の利用 6　被害の防止に資する物品の教示又は貸出し 7　警告、禁止命令等又は禁止命令等有効期間延長処分 　を実施したことを明らかにする書面の交付 8　被害を自ら防止するための措置の教示 9　その他（　　　　　　　　　　　　　　　　　）
その他参考事項		

記載要領
1　※印欄には、記載しないこと。
2　「住所等」欄には、住所（日本国内に住所がないとき又は住所が知れな
　いときは居所）を記載すること。
3　「受けたい援助の内容」欄は、該当するものを○で囲むこと。
4　申出人の依頼によって警察職員が代書したときは、末尾空欄に「上記本
　人の依頼により代書した。」旨並びに所属、官職及び氏名を記載し、押印
　すること。
5　所定の欄に記載し得ないときは、別紙に記載の上、これを添付するこ
　と。

　備考　用紙の大きさは、日本産業規格Ａ4とすること。

198　第3　参考資料

3　聴聞等規則

○　聴聞及び弁明の機会の付与に関する規則（平成6年国家公安委員会規則
　　第26号）

　　　　第1章　総　則

（適用範囲）
第1条　国家公安委員会、都道府県公安委員会及び警察署長並びに法令の規定により
　これらの者の権限に属する事務を委任された者（以下「行政庁」という。）が
　行う聴聞及び弁明の機会の付与に関する手続については、他の法令に別段の定め
　がある場合を除くほか、この規則の定めるところによる。

（定義）
第2条　この規則において、次の各号に掲げる用語の意義は、それぞれ当該各号に
　定めるところによる。
　一　主宰者　行政手続法（平成5年法律第88号。以下「法」という。）第19条第
　　1項の規定により聴聞を主宰する者をいう。
　二　当事者　法第15条第1項又は法第30条の規定による通知を受けた者（法第15
　　条第3項後段（法第31条において準用する場合を含む。）の規定により当該通
　　知が到達したものとみなされる者を含む。）をいう。
　三　関係人　当事者以外の者であって不利益処分の根拠となる法令に照らし当該
　　不利益処分につき利害関係を有するものと認められる者をいう。
　四　参加人　法第17条第1項の規定により聴聞に関する手続に参加する関係人を
　　いう。

　　　　第2章　聴　聞
　　　　　第1節　主宰者、代理人等

（主宰者の指名）
第3条　法第19条第1項の規定による主宰者の指名は、聴聞の通知の時までに行う

ものとする。

2　主宰者は、都道府県公安委員会（方面公安委員会を含む。）の委員又は聴聞を主宰するについて必要な法律に関する知識経験を有し、かつ、公正な判断をすることができると認められる警察職員のうちから指名する。

3　主宰者が法第19条第2項各号のいずれかに該当するに至ったときは、行政庁は、速やかに、新たな主宰者を指名しなければならない。

（代理人）

第4条　法第16条第3項（法第17条第3項において準用する場合を含む。）の規定による代理人の資格の証明は、聴聞の件名、代理人の氏名及び住所並びに当事者又は参加人が代理人に対して当事者又は参加人のために聴聞に関する一切の行為をすることを委任する旨を明示した別記様式第1号〔略。以下同〕の代理人資格証明書により行うものとする。

2　法第16条第4項（法第17条第3項において準用する場合を含む。）の規定による届出は、別記様式第2号の代理人資格喪失届出書により行うものとする。

（参加人）

第5条　法第17条第1項の規定による許可の申請は、聴聞の期日の4日前までに、聴聞の件名及び当該聴聞に係る不利益処分につき利害関係を有することの疎明を記載した別記様式第3号の参加人許可申請書を主宰者に提出することにより行うものとする。

2　主宰者は、法第17条第1項の規定による許可をしたときは、速やかに、その旨を当該許可の申請を行った関係人に対し書面により通知するものとする。

（補佐人）

第6条　法第20条第3項の許可の申請は、聴聞の期日の4日前までに、聴聞の件名、補佐人の氏名、住所、当事者又は参加人との関係及び補佐する事項を記載した別記様式第4号の補佐人出頭許可申請書を主宰者に提出することにより行うものとする。

2　主宰者は、法第20条第3項の許可をしたときは、速やかに、その旨を当該許可の申請を行った当事者又は参加人に対し書面により通知するものとする。

3　補佐人は、聴聞の期日において意見の陳述その他必要な補佐をすることができる。

200 第3 参考資料

4 補佐人の陳述は、当事者又は参加人が直ちに取り消さないときは、当該当事者
又は参加人が自ら陳述したものとみなす。

5 法第22条第2項（法第25条後段において準用する場合を含む。）の規定により
通知された聴聞の期日に出頭させようとする補佐人であって既に受けた法第20条
第3項の許可に係る事項につき補佐するものについては、新たに同項の許可を得
ることを要しないものとする。

（参考人）

第7条 主宰者は、当事者若しくは参加人の申出により又は職権で、適当と認める
者に対し、参考人として聴聞の期日に出頭することを求め、意見又は事情を聴く
ことができる。

2 前項の申出は、聴聞の期日の4日前までに、聴聞の件名、参考人として聴聞の
期日への出頭を求める者の氏名、住所及び陳述の要旨を記載した別記様式第5号
の参考人出頭申出書を主宰者に提出することにより行うものとする。

3 主宰者は、前項の申出に係る者に参考人として聴聞の期日への出頭を求める場
合には、速やかに、その旨を当該申出を行った当事者又は参加人に対し書面によ
り通知するものとする。

第2節 聴聞の進行

（聴聞の通知）

第8条 法第15条第1項の規定による通知は、別記様式第6号の聴聞通知書により
行うものとする。

（聴聞の期日及び場所の変更）

第9条 行政庁は、当事者の申出により又は職権で、聴聞の期日又は場所を変更す
ることができる。

2 前項の申出は、聴聞の期日又は場所の変更を求めるやむを得ない理由を記載し
た別記様式第7号の変更申出書を行政庁に提出することにより行うものとする。

3 行政庁は、第1項の規定により聴聞の期日又は場所を変更したときは、速やか
に、その旨を別記様式第8号の変更通知書により当事者及び参加人に通知しなけ
ればならない。

（文書等の閲覧の手続等）

第10条 法第18条第1項の規定による閲覧の求めは、聴聞の件名及び閲覧をしよう
とする資料の標目を記載した別記様式第9号の文書閲覧請求書を行政庁に提出す
ることにより行うものとする。ただし、聴聞の期日における審理の進行に応じて
必要となった場合の閲覧については、口頭で求めれば足りる。

2　行政庁は、法第18条第1項又は第2項の閲覧を許可したときは、その場で閲覧
させる場合を除き、速やかに、閲覧の日時及び場所を当該閲覧を求めた当事者又
は参加人に通知しなければならない。この場合において、行政庁は、当該当事者
又は参加人が聴聞の期日における審理に必要な準備を行うことを防げることがな
いよう配慮するものとする。

3　法第18条第2項の閲覧の求めがあった場合において、行政庁が当該求めのあっ
た聴聞の期日において閲覧させることができないとき（閲覧を拒否するときを除
く。）は、主宰者は、法第22条第1項の規定により当該閲覧の日時以降の日を新
たな聴聞の期日として定めるものとする。

（証拠書類等の提出を受けた場合の手続）

第11条 主宰者は、法第20条第2項又は法第21条第1項の規定による証拠書類等の
提出を受けたときは、次に掲げる事項を記載した別記様式第10号の提出物目録を
作成しなければならない。

一　聴聞の件名

二　提出を受けた年月日

三　提出をした者の氏名及び住所

四　提出を受けた証拠書類等の標目

2　主宰者は、前項の提出物目録を作成したときは、その写しを当該提出物目録に
係る証拠書類等を提出した者に交付しなければならない。

3　主宰者は、必要がなくなったときは、提出を受けた証拠書類等を速やかにこれ
を提出した者に返還しなければならない。この場合において、当該証拠書類等の
返還は、別記様式第11号の還付請書と引換えに行わなければならない。

（聴聞の審理の公開）

第12条 行政庁は、法第20条第6項の規定により聴聞の期日における審理を公開す
ることを相当と認めたときは、その旨を当事者及び参加人に通知するとともに、
当該聴聞の期日及び場所を公示しなければならない。

2 前項の規定による公示は、聴聞を行う行政庁の事務所の掲示板に掲示して行うものとする。

（聴聞の期日における陳述の制限等）

第13条 主宰者は、聴聞の期日に出頭した者が聴聞に係る事案の範囲を超えて発言するとき、その他聴聞の期日における審理の適正な進行を図るためにやむを得ないと認めるときは、その発言を制限することができる。

2 主宰者は、前項に規定する場合のほか、聴聞の期日における審理の秩序を維持するために必要があると認めるときは、秩序を乱した者に対し退場を命じ、その他聴聞の期日における審理の秩序を維持するため国家公安委員会が別に定める措置をとることができる。

（陳述書の提出の方法）

第14条 法第21条第1項の規定による陳述書の提出は、提出をする者の氏名、住所、聴聞の件名及び聴聞に係る事案についての意見を記載した書面により行うものとする。

（聴聞の続行の通知）

第15条 法第22条第2項本文の規定による通知は、別記様式第12号の聴聞続行通知書により行うものとする。

（聴聞の再開の通知）

第16条 法第25条において準用する法第22条第2項本文の規定による通知は、別記様式第12号の聴聞再開通知書により行うものとする。

　　　　　第3節　聴聞調書等

（聴聞調書）

第17条 法第24条第1項の調書は、別記様式第13号の聴聞調書に次に掲げる事項（聴聞の期日における審理が行われなかった場合においては、第4号、第6号及び第7号に掲げる事項を除く。）を記載し、主宰者がこれに記名押印することにより作成しなければならない。

一　聴聞の件名

二　聴聞の期日及び場所

三　主宰者の職名及び氏名

四　聴聞の期日に出頭した当事者及び参加人又はこれらの者の代理人、補佐人並びに参考人（法令の規定により聴聞の期日に出頭したその他の者を含む。第8号において同じ。）の氏名及び住所

五　当事者（代理人を含む。）が聴聞の期日に出頭しなかった場合には、その氏名及び住所並びに出頭しなかったことについての正当な理由の有無

六　説明を行った行政庁の職員の職名及び氏名

七　行政庁の職員の説明の要旨

八　当事者及び参加人又はこれらの者の代理人、補佐人並びに参考人の陳述（陳述書によるものを含む。）の要旨

九　その他参考となるべき事項

2　聴聞調書には、第11条第1項の提出物目録を添付するほか、書面、図画、写真その他主宰者が適当と認めるものを添付して調書の一部とすることができる。

（聴聞報告書）

第18条　法第24条第3項の報告書は、別記様式第14号の聴聞報告書に次に掲げる事項を記載し、主宰者がこれに記名押印することにより作成しなければならない。

一　意見

二　不利益処分の原因となる事実に対する当事者及び当該不利益処分がされた場合に自己の利益を害されることとなる参加人の主張

三　理由

（聴聞調書等の閲覧）

第19条　法第24条第4項の規定による閲覧の求めは、聴聞の件名及び閲覧をしようとする調書又は報告書の別を記載した別記様式第15号の聴聞調書等閲覧請求書を、聴聞の終結前にあっては主宰者に、聴聞の終結後にあっては行政庁に提出することにより行うものとする。

2　主宰者又は行政庁は、法第24条第4項の閲覧を許可したときは、その場で閲覧させる場合を除き、速やかに、閲覧の日時及び場所を指定して当該閲覧を求めた当事者又は参加人に通知しなければならない。

第3章　弁明の機会の付与

（弁明の通知）

第20条　法第30条の規定による通知は、別記様式第16号の弁明通知書により行うものとする。

（口頭による弁明の聴取）

第21条　行政庁は、弁明を口頭ですることを認めたときは、その指名する警察職員に弁明を録取させなければならない。

2　前項の規定により弁明を録取する者（以下「弁明録取者」という。）は、弁明の日時の冒頭において、予定される不利益処分の内容及び根拠となる法令の条項並びにその原因となる事実を弁明者に対し説明しなければならない。

（弁明調書）

第22条　弁明録取者は、当事者が口頭による弁明をしたときは、次に掲げる事項を記載した別記様式第17号の弁明調書を作成し、これに記名押印しなければならない。

一　弁明の件名

二　弁明の日時及び場所

三　弁明録取者の職名及び氏名

四　弁明の日時に出頭した当事者又は代理人の氏名及び住所

五　当事者の弁明の要旨

六　その他参考となるべき事項

2　第17条第2項の規定は、前項の弁明調書について準用する。

3　弁明録取者は、口頭による弁明の終結後速やかに、第1項の弁明調書を行政庁に提出しなければならない。

（弁明書の不提出等の場合における措置）

第23条　行政庁は、法第30条の提出期限までに法第29条第1項の弁明書が提出されない場合、又は法第30条の日時に当事者が出頭しない場合には、改めて弁明の機会の付与を行うことを要しない。

（準用規定）

第24条 第4条、第11条及び第14条の規定は、弁明の機会の付与について準用する。この場合において、第4条第1項中「法第16条第3項（法第17条第3項において準用する場合を含む。）」とあるのは「法第31条において準用する法第16条第3項」と、同条第2項中「法第16条第4項（法第17条第3項において準用する場合を含む。）」とあるのは「法第31条において準用する法第16条第4項」と、第11条第1項中「主宰者」とあるのは「行政庁」と、「法第20条第2項又は法第21条第1項」とあるのは「法第29条第2項」と、同条第2項及び第3項中「主宰者」とあるのは「行政庁」と、第14条中「法第21条第1項の規定による陳述書」とあるのは「法第29条第1項の規定による弁明書」と読み替えるものとする。

2　第9条の規定は、口頭による弁明の機会の付与について準用する。この場合において、「聴聞の期日」とあるのは「弁明の日時」と読み替えるものとする。

206　第3　参考資料

4　読替後の行政手続法

4−1　施行令第4条の規定等による読替え後の行政手続法第3章第2節（第28条を除く。）

　　第3章　不利益処分
　　　第2節　意見の聴取

（意見の聴取の通知の方式）
第15条　行政庁は、意見の聴取を行うに当たっては、速やかに、ストーカー行為等の規制等に関する法律（平成12年法律第81号）第5条第3項の規定による命令（以下「緊急禁止命令等」という。）を受けた者に対し、次に掲げる事項を書面により通知しなければならない。
　一　当該緊急禁止命令等の内容及び根拠となる法令の条項
　二　当該緊急禁止命令等の原因となった事実
　三　意見の聴取の期日及び場所
　四　意見の聴取に関する事務を所掌する組織の名称及び所在地
2　前項の書面においては、次に掲げる事項を教示しなければならない。
　一　意見の聴取の期日に出頭して意見を述べ、及び証拠書類又は証拠物（以下「証拠書類等」という。）を提出し、又は意見の聴取の期日への出頭に代えて陳述書及び証拠書類等を提出することができること。
　二　意見の聴取が終結する時までの間、当該緊急禁止命令等の原因となった事実を証する資料の閲覧を求めることができること。
3　行政庁は、当該緊急禁止命令等を受けた者の所在が判明しない場合においては、第1項の規定による通知を、その者の氏名、同項第3号及び第4号に掲げる事項並びに当該行政庁が同項各号に掲げる事項を記載した書面をいつでもその者に交付する旨を当該行政庁の事務所の掲示場に掲示することによって行うことができる。この場合においては、掲示を始めた日から2週間を経過したときに、当該通知がその者に到達したものとみなす。

（代理人）
第16条　前条第1項の通知を受けた者（同条第3項後段の規定により当該通知が到

達したものとみなされる者を含む。以下「当事者」という。）は、代理人を選任することができる。

2　代理人は、各自、当事者のために、意見の聴取に関する一切の行為をすることができる。

3　代理人の資格は、書面で証明しなければならない。

4　代理人がその資格を失ったときは、当該代理人を選任した当事者は、書面でその旨を行政庁に届け出なければならない。

（参加人）

第17条　第19条の規定により意見の聴取を主宰する者（以下「主宰者」という。）は、必要があると認めるときは、当事者以外の者であって当該緊急禁止命令等の根拠となる法令に照らし当該緊急禁止命令等につき利害関係を有するものと認められる者（同条第2項第6号において「関係人」という。）に対し、当該意見の聴取に関する手続に参加することを求め、又は当該意見の聴取に関する手続に参加することを許可することができる。

2　前項の規定により当該意見の聴取に関する手続に参加する者（以下「参加人」という。）は、代理人を選任することができる。

3　前条第2項から第4項までの規定は、前項の代理人について準用する。この場合において、同条第2項及び第4項中「当事者」とあるのは、「参加人」と読み替えるものとする。

（文書等の閲覧）

第18条　当事者及び当該緊急禁止命令等により自己の利益を害された参加人（以下この条及び第24条第3項において「当事者等」という。）は、意見の聴取の通知があった時から意見の聴取が終結する時までの間、行政庁に対し、当該事案についてした調査の結果に係る調書その他の当該緊急禁止命令等の原因となった事実を証する資料の閲覧を求めることができる。この場合において、行政庁は、第三者の利益を害するおそれがあるときその他正当な理由があるときでなければ、その閲覧を拒むことができない。

2　前項の規定は、当事者等が意見の聴取の期日における審理の進行に応じて必要となった資料の閲覧を更に求めることを妨げない。

3　行政庁は、前2項の閲覧について日時及び場所を指定することができる。

（意見の聴取の主宰）

第19条 意見の聴取は、行政庁が指名する職員その他政令で定める者が主宰する。

2 次の各号のいずれかに該当する者は、意見の聴取を主宰することができない。

一 当該意見の聴取の当事者又は参加人

二 前号に規定する者の配偶者、4親等内の親族又は同居の親族

三 第1号に規定する者の代理人又は次条第3項に規定する補佐人

四 前3号に規定する者であった者

五 第1号に規定する者の後見人、後見監督人、保佐人、保佐監督人、補助人又は補助監督人

六 参加人以外の関係人

（意見の聴取の期日における審理の方式）

第20条 主宰者は、最初の意見の聴取の期日の冒頭において、行政庁の職員に、当該緊急禁止命令等の内容及び根拠となる法令の条項並びにその原因となった事実を意見の聴取の期日に出頭した者に対し説明させなければならない。

2 当事者又は参加人は、意見の聴取の期日に出頭して、意見を述べ、及び証拠書類等を提出し、並びに主宰者の許可を得て行政庁の職員に対し質問を発することができる。

3 前項の場合において、当事者又は参加人は、主宰者の許可を得て、補佐人とともに出頭することができる。

4 主宰者は、意見の聴取の期日において必要があると認めるときは、当事者若しくは参加人に対し質問を発し、意見の陳述若しくは証拠書類等の提出を促し、又は行政庁の職員に対し説明を求めることができる。

5 主宰者は、当事者又は参加人の一部が出頭しないときであっても、意見の聴取の期日における審理を行うことができる。

6 意見の聴取の期日における審理は、行政庁が公開することを相当と認めるときを除き、公開しない。

（陳述書等の提出）

第21条 当事者又は参加人は、意見の聴取の期日への出頭に代えて、主宰者に対し、意見の聴取の期日までに陳述書及び証拠書類等を提出することができる。

2 主宰者は、意見の聴取の期日に出頭した者に対し、その求めに応じて、前項の陳述書及び証拠書類等を示すことができる。

（続行期日の指定）

第22条　主宰者は、意見の聴取の期日における審理の結果、なお意見の聴取を続行する必要があると認めるときは、さらに新たな期日を定めることができる。

2　前項の場合においては、当事者及び参加人に対し、あらかじめ、次回の意見の聴取の期日及び場所を書面により通知しなければならない。ただし、意見の聴取の期日に出頭した当事者及び参加人に対しては、当該意見の聴取の期日においてこれを告知すれば足りる。

3　第15条第3項の規定は、前項本文の場合において、当事者又は参加人の所在が判明しないときにおける通知の方法について準用する。この場合において、同条第3項中「当該緊急禁止命令等を受けた者」とあるのは「当事者又は参加人」と、「掲示を始めた日から2週間を経過したとき」とあるのは「掲示を始めた日から2週間を経過したとき（同一の当事者又は参加人に対する2回目以降の通知にあっては、掲示を始めた日の翌日）」と読み替えるものとする。

（当事者の不出頭等の場合における意見の聴取の終結）

第23条　主宰者は、当事者の全部若しくは一部が正当な理由なく意見の聴取の期日に出頭せず、かつ、第21条第1項に規定する陳述書若しくは証拠書類等を提出しない場合、又は参加人の全部若しくは一部が意見の聴取の期日に出頭しない場合には、これらの者に対し改めて意見を述べ、及び証拠書類等を提出する機会を与えることなく、意見の聴取を終結することができる。

2　主宰者は、前項に規定する場合のほか、当事者の全部又は一部が意見の聴取の期日に出頭せず、かつ、第21条第1項に規定する陳述書又は証拠書類等を提出しない場合において、これらの者の意見の聴取の期日への出頭が相当期間引き続き見込めないときは、これらの者に対し、期限を定めて陳述書及び証拠書類等の提出を求め、当該期限が到来したときに意見の聴取を終結することとすることができる。

（意見の聴取調書及び報告書）

第24条　主宰者は、意見の聴取の審理の経過を記載した調書を作成し、当該調書において、当該緊急禁止命令等の原因となった事実に対する当事者及び参加人の陳述の要旨を明らかにしておかなければならない。

2　前項の調書は、意見の聴取の期日における審理が行われた場合には各期日ごとに、当該審理が行われなかった場合には意見の聴取の終結後速やかに作成しなけ

ればならない。

3　主宰者は、意見の聴取の終結後速やかに、当該緊急禁止命令等の原因となった事実に対する当事者等の主張に理由があるかどうかについての意見を記載した報告書を作成し、第1項の調書とともに行政庁に提出しなければならない。

4　当事者又は参加人は、第1項の調書及び前項の報告書の閲覧を求めることができる。

（意見の聴取の再開）

第25条　行政庁は、意見の聴取の終結後に生じた事情にかんがみ必要があると認めるときは、主宰者に対し、前条第3項の規定により提出された報告書を返戻して意見の聴取の再開を命ずることができる。第22条第2項本文及び第3項の規定は、この場合について準用する。

（意見の聴取を経てされる不利益処分の決定）

第26条　行政庁は、ストーカー行為等の規制等に関する法律（平成12年法律第81号）第5条第2項後段の規定による意見の聴取を行ったときは、第24条第1項の調書の内容及び同条第3項の報告書に記載された主宰者の意見を十分に考慮しなければならない。

（審査請求の制限）

第27条　この節の規定に基づく処分又はその不作為については、審査請求をすることができない。

4－2　施行令第４条の規定による読替え後の行政手続法第22条第３項の規定による読替え後の同法第15条第３項

（意見の聴取の通知の方式）

第15条　（略）

2　（略）

3　行政庁は、<u>当事者又は参加人</u>の所在が判明しない場合においては、第１項の規定による通知を、その者の氏名、同項第３号及び第４号に掲げる事項並びに当該行政庁が同項各号に掲げる事項を記載した書面をいつでもその者に交付する旨を当該行政庁の事務所の掲示場に掲示することによって行うことができる。この場合においては、<u>掲示を始めた日から２週間を経過したとき</u>（同一の当事者又は参加人に対する２回目以降の通知にあっては、<u>掲示を始めた日の翌日</u>）に、当該通知がその者に到達したものとみなす。

212 第3 参考資料

5 意見聴取規則
5－1 本 文

○ ストーカー行為等の規制等に関する法律の規定に基づく意見の聴取の実施に関する規則（平成12年国家公安委員会規則第19号）

第1章 総 則

（定義）

第1条 この規則において、次の各号に掲げる用語の意義は、それぞれ当該各号に定めるところによる。

一 行政庁 都道府県公安委員会及びストーカー行為等の規制等に関する法律（以下「法」という。）第15条又は第17条の規定によりその権限に属する事務を委任された者をいう。

二 主宰者 法第5条第4項において準用する行政手続法（以下「準用行政手続法」という。）第19条第1項の規定により意見の聴取を主宰する者をいう。

三 当事者 準用行政手続法第15条第1項の規定による通知を受けた者（同条第3項後段の規定により当該通知が到達したものとみなされる者を含む。）をいう。

四 関係人 当事者以外の者であって法に照らし当該緊急禁止命令等（法第5条第3項の規定による命令をいう。以下同じ。）につき利害関係を有するものと認められる者をいう。

五 参加人 準用行政手続法第17条第1項の規定により意見の聴取に関する手続に参加する関係人をいう。

第2章 主宰者、代理人等

（主宰者の指名）

第2条 準用行政手続法第19条第1項の規定による主宰者の指名は、意見の聴取の通知の時までに行うものとする。

2 主宰者は、次の各号に掲げる行政庁の区分に応じ、当該各号に定める者のうち

から指名することとする。

　一　都道府県公安委員会　都道府県公安委員会の委員又は意見の聴取を主宰する
　　について必要な法律に関する知識経験を有し、かつ、公正な判断をすることが
　　できると認められる警察職員
　二　方面公安委員会　方面公安委員会の委員又は前号に規定する警察職員
　三　警視総監、道府県警察本部長若しくは方面本部長又は警察署長　第１号に規
　　定する警察職員
３　主宰者が準用行政手続法第19条第２項各号のいずれかに該当するに至ったとき
　は、行政庁は、速やかに、新たな主宰者を指名しなければならない。

（代理人）

第３条　準用行政手続法第16条第３項（準用行政手続法第17条第３項において準用
　する場合を含む。）の規定による代理人の資格の証明は、意見の聴取の件名、代
　理人の氏名及び住所並びに当事者又は参加人が代理人に対して当事者又は参加人
　のために意見の聴取に関する一切の行為をすることを委任する旨を明示した別記
　様式第１号の代理人資格証明書により行うものとする。
２　準用行政手続法第16条第４項（準用行政手続法第17条第３項において準用する
　場合を含む。）の規定による届出は、別記様式第２号の代理人資格喪失届出書に
　より行うものとする。

（参加人）

第４条　準用行政手続法第17条第１項の規定による許可の申請は、意見の聴取の期
　日の前日までに、意見の聴取の件名及び当該意見の聴取に係る緊急禁止命令等に
　つき利害関係を有することの疎明を記載した別記様式第３号の参加人許可申請書
　を主宰者に提出することにより行うものとする。
２　主宰者は、準用行政手続法第17条第１項の規定による許可をしたときは、速や
　かに、その旨を当該許可の申請を行った関係人に対し書面により通知するものと
　する。

（補佐人）

第５条　準用行政手続法第20条第３項の許可の申請は、意見の聴取の期日の前日ま
　でに、意見の聴取の件名、補佐人の氏名、住所、当事者又は参加人との関係及び
　補佐する事項を記載した別記様式第４号の補佐人出頭許可申請書を主宰者に提出

214　第3　参考資料

することにより行うものとする。

2　主宰者は、準用行政手続法第20条第3項の許可をしたときは、速やかに、その旨を当該許可の申請を行った当事者又は参加人に対し書面により通知するものとする。

3　補佐人は、意見の聴取の期日において意見の陳述その他必要な補佐をすることができる。

4　補佐人の陳述は、当事者又は参加人が直ちに取り消さないときは、当該当事者又は参加人が自ら陳述したものとみなす。

5　準用行政手続法第22条第2項（準用行政手続法第25条後段において準用する場合を含む。）の規定により通知された意見の聴取の期日に出頭させようとする補佐人であって既に受けた準用行政手続法第20条第3項の許可に係る事項につき補佐するものについては、新たに同項の許可を得ることを要しないものとする。

（参考人）

第6条　主宰者は、当事者若しくは参加人の申出により又は職権で、適当と認める者に対し、参考人として意見の聴取の期日に出頭することを求め、意見又は事情を聴くことができる。

2　前項の申出は、意見の聴取の期日の前日までに、意見の聴取の件名、参考人として意見の聴取の期日への出頭を求める者の氏名、住所及び陳述の要旨を記載した別記様式第5号の参考人出頭申出書を主宰者に提出することにより行うものとする。

3　主宰者は、前項の申出に係る者に参考人として意見の聴取の期日への出頭を求める場合には、速やかに、その旨を当該申出を行った当事者又は参加人に対し書面により通知するものとする。

　　　第3章　意見の聴取の進行

（意見の聴取の通知）

第7条　準用行政手続法第15条第1項の規定による通知は、別記様式第6号の意見の聴取通知書により行うものとする。

（意見の聴取の期日及び場所の変更）

第8条 行政庁は、当事者の申出により又は職権で、意見の聴取の期日又は場所を変更することができる。

2 前項の申出は、意見の聴取の期日又は場所の変更を求めるやむを得ない理由を記載した別記様式第7号の変更申出書を行政庁に提出することにより行うものとする。

3 行政庁は、第1項の規定により意見の聴取の期日又は場所を変更したときは、速やかに、その旨を別記様式第8号の変更通知書により当事者及び参加人に通知しなければならない。

（文書等の閲覧の手続等）

第9条 準用行政手続法第18条第1項の規定による閲覧の求めは、意見の聴取の件名及び閲覧をしようとする資料の標目を記載した別記様式第9号の文書閲覧請求書を行政庁に提出することにより行うものとする。ただし、意見の聴取の期日における審理の進行に応じて必要となった場合の閲覧については、口頭で求めれば足りる。

2 行政庁は、準用行政手続法第18条第1項又は第2項の閲覧を許可したときは、その場で閲覧させる場合を除き、速やかに、閲覧の日時及び場所を当該閲覧を求めた当事者又は参加人に通知しなければならない。この場合において、行政庁は、当該当事者又は参加人が意見の聴取の期日における審理に必要な準備を行うことを妨げることがないよう配慮するものとする。

3 準用行政手続法第18条第2項の閲覧の求めがあった場合において、行政庁が当該求めのあった意見の聴取の期日において閲覧させることができないとき（閲覧を拒否するときを除く。）は、主宰者は、準用行政手続法第22条第1項の規定により当該閲覧の日時以降の日を新たな意見の聴取の期日として定めるものとする。

（証拠書類等の提出を受けた場合の手続）

第10条 主宰者は、準用行政手続法第20条第2項又は準用行政手続法第21条第1項の規定による証拠書類等の提出を受けたときは、次に掲げる事項を記載した別記様式第10号の提出物目録を作成しなければならない。

一 意見の聴取の件名

二 提出を受けた年月日

三　提出をした者の氏名及び住所

四　提出を受けた証拠書類等の標目

2　主宰者は、前項の提出物目録を作成したときは、その写しを当該提出物目録に係る証拠書類等を提出した者に交付しなければならない。

3　主宰者は、必要がなくなったときは、提出を受けた証拠書類等を速やかにこれを提出した者に返還しなければならない。この場合において、当該証拠書類等の返還は、別記様式第11号の還付請書と引換えに行わなければならない。

（意見の聴取の審理の公開）

第11条　行政庁は、準用行政手続法第20条第6項の規定により意見の聴取の期日における審理を公開することを相当と認めたときは、その旨を当事者及び参加人に通知するとともに、当該意見の聴取の期日及び場所を公示しなければならない。

2　前項の規定による公示は、意見の聴取を行う行政庁の事務所の掲示板に掲示して行うものとする。

（意見の聴取の期日における陳述の制限等）

第12条　主宰者は、意見の聴取の期日に出頭した者が意見の聴取に係る事案の範囲を超えて発言するとき、その他意見の聴取の期日における審理の適正な進行を図るためにやむを得ないと認めるときは、その発言を制限することができる。

2　主宰者は、前項に規定する場合のほか、意見の聴取の期日における審理の秩序を維持するために必要があると認めるときは、秩序を乱した者に対し退場を命じ、その他意見の聴取の期日における審理の秩序を維持するため国家公安委員会が別に定める措置をとることができる。

（陳述書の提出の方法）

第13条　準用行政手続法第21条第1項の規定による陳述書の提出は、提出をする者の氏名、住所、意見の聴取の件名及び意見の聴取に係る事案についての意見を記載した書面により行うものとする。

（意見の聴取の続行の通知）

第14条　準用行政手続法第22条第2項本文の規定による通知は、別記様式第12号の意見の聴取続行通知書により行うものとする。

（意見の聴取の再開の通知）

第15条 準用行政手続法第25条において準用する準用行政手続法第22条第2項本文の規定による通知は、別記様式第12号の意見の聴取再開通知書により行うものとする。

第4章 意見の聴取調書等

（意見の聴取調書）

第16条 準用行政手続法第24条第1項の調書は、別記様式第13号の意見の聴取調書に次に掲げる事項（意見の聴取の期日における審理が行われなかった場合においては、第4号、第6号及び第7号に掲げる事項を除く。）を記載し、主宰者がこれに記名押印することにより作成しなければならない。

一　意見の聴取の件名

二　意見の聴取の期日及び場所

三　主宰者の職名及び氏名

四　意見の聴取の期日に出頭した当事者及び参加人又はこれらの者の代理人、補佐人並びに参考人の氏名及び住所

五　当事者（代理人を含む。）が意見の聴取の期日に出頭しなかった場合には、その氏名及び住所並びに出頭しなかったことについての正当な理由の有無

六　説明を行った警察職員の職名及び氏名

七　警察職員の説明の要旨

八　当事者及び参加人又はこれらの者の代理人、補佐人並びに参考人の陳述（陳述書によるものを含む。）の要旨

九　その他参考となるべき事項

2　意見の聴取調書には、第10条第1項の提出物目録を添付するほか、書面、図画、写真その他主宰者が適当と認めるものを添付して調書の一部とすることができる。

（意見の聴取報告書）

第17条 準用行政手続法第24条第3項の報告書は、別記様式第14号の意見の聴取報告書に次に掲げる事項を記載し、主宰者がこれに記名押印することにより作成しなければならない。

一　意見

二　緊急禁止命令等の原因となった事実に対する当事者及び当該緊急禁止命令等により自己の利益を害された参加人の主張

三　理由

（意見の聴取調書等の閲覧）

第18条　準用行政手続法第24条第4項の規定による閲覧の求めは、意見の聴取の件名及び閲覧をしようとする調書又は報告書の別を記載した別記様式第15号の意見の聴取調書等閲覧請求書を、意見の聴取の終結前にあっては主宰者に、意見の聴取の終結後にあっては行政庁に提出することにより行うものとする。

2　主宰者又は行政庁は、準用行政手続法第24条第4項の閲覧を許可したときは、その場で閲覧させる場合を除き、速やかに、閲覧の日時及び場所を指定して当該閲覧を求めた当事者又は参加人に通知しなければならない。

5　意見聴取規則　219

5－2　意見聴取規則別記様式

別記様式第1号（第3条関係）

代　理　人　資　格　証　明　書

年　　　月　　　日

殿

住所

氏名

　　　年　　　月　　　日　　　　　　　　において行われる意見の聴取については、下記の者を代理人として選任し、私のために意見の聴取に関する一切の行為をすることを委任します。

記

意見の聴取の件名	
住　　　所	
氏　　　名	

備考　用紙の大きさは、日本産業規格Ａ4とすること。

220　第3　参考資料

別記様式第2号（第3条関係）

代理人資格喪失届出書

年　　　月　　　日

殿

住所

氏名

　　　　年　　　月　　　日　　　　　　　　において行われる意見の聴取については、下記の者が代理人の資格を失ったので届け出ます。

記

意見の聴取の件名	
住　　　　　所	
氏　　　　　名	

備考　用紙の大きさは、日本産業規格Ａ4とすること。

別記様式第3号（第4条関係）

参　加　人　許　可　申　請　書

年　　月　　日

　　　　殿

住所

氏名

年　　月　　日　　　　　　　において行われる意見の聴取に関する手続に参加することを申請します。

記

意見の聴取の件名	
意見の聴取に係る緊急禁止命令等につき利害関係を有することの疎明	
連　絡　先	電話（　　）　－　　番

備考　用紙の大きさは、日本産業規格Ａ４とすること。

222　第3　参考資料

別記様式第4号（第5条関係）

補佐人出頭許可申請書

年　　月　　日

殿

住所

氏名

年　　月　　日　　　　　　　において行われる意見の聴取につい
ては、下記の補佐人とともに出頭したいので申請します。

記

意見の聴取の件名	
住　　　　　所	
氏　　　　　名 職　業	（　　　歳）
当事者又は参加人 との関係	
補　佐　す　る　事　項	

備考　用紙の大きさは、日本産業規格Ａ4とすること。

別記様式第5号（第6条関係）

参 考 人 出 頭 申 出 書

年　　月　　日

殿

住所

氏名

　　　　年　　　月　　　日　　　　　　　　において行われる意見の聴取については、下記の者を参考人として意見の聴取の期日に出頭させたいので申し出ます。

記

意見の聴取の件名	
住　　　　　所	
氏　　　　　名　職　業	（　　歳）
陳　述　の　要　旨	

備考　用紙の大きさは、日本産業規格Ａ４とすること。

224 第3 参考資料

別記様式第6号 （第7条関係）

(表)

第　　　号

意　見　の　聴　取　通　知　書

年　　月　　日

殿

㊞

　あなたに対する下記の事実を原因とする緊急禁止命令等に係るストーカー行為等の規制等に関する法律第5条第3項の規定による意見の聴取を下記のとおり行いますので通知します。

記

意 見 の 聴 取 の 件 名		
緊 急 禁 止 命 令 等 の 内 容		
根拠となる法令の条項	ストーカー行為等の規制等に関する法律第5条第3項	
緊 急 禁 止 命 令 等 の 原因となった事実		
意 見 の 聴 取 の 期 日	年　　月　　日　時　　分　から	
意 見 の 聴 取 の 場 所		
意見の聴取に関する事務を所掌する組織	名　　称	
	所在地	
注意事項	1　あなたは意見の聴取の期日に出頭して意見を述べ、及び証拠書類又は証拠物（以下「証拠書類等」という。）を提出し、又は意見の聴取の期日への出頭に代えて陳述書及び証拠書類等を提出することができます。 2　あなたは意見の聴取が終結するまでの間、当該緊急禁止命令等の原因となった事実を証する資料の閲覧を求めることができます。 3　その他意見の聴取に際しての留意事項は裏面のとおりです。	

記載要領
　所定の欄に記載し得ないときは、別紙に記載の上、これを添付すること。

備考　用紙の大きさは、日本産業規格A4とすること。

（裏）

<table>
<tr><td colspan="2" align="center">意見の聴取に際しての留意事項</td></tr>
</table>

1 　あなたが意見の聴取に出頭しない場合には、あなたに代わって代理人を意見の聴取の期日に出頭させ意見を述べ、及び証拠書類等を提出することができますので、意見の聴取の件名、代理人の氏名及び住所並びに当該代理人に意見の聴取に関する一切の手続をすることを委任する旨を明示した代理人資格証明書を　　　　　　　　に提出してください。

2 　意見の聴取の期日において補佐人とともに出頭しようとする場合には、意見の聴取の件名、補佐人の氏名、住所、あなたとの関係及び補佐する事項を記載した補佐人出頭許可申請書を意見の聴取の期日の前日までに主宰者に提出して許可を受けてください。

3 　参考人として意見の聴取の期日に出頭させたい者がある場合には、意見の聴取の件名、その者の氏名、住所及び陳述の要旨を記載した参考人出頭申出書を、意見の聴取の期日の前日までに主宰者に提出してください。

4 　あなたが病気その他のやむを得ない理由がある場合には、　　　　　　　　に対し、変更申出書により、意見の聴取の期日又は場所の変更を申し出ることができます。

5 　あなた又はあなたの代理人が意見の聴取の期日に出頭する場合には、この通知書を持参してください。

<table>
<tr><td rowspan="3">意見の聴取の主宰者</td><td>職　　名</td></tr>
<tr><td>氏　　名</td></tr>
<tr><td>連絡先</td></tr>
<tr><td>意見の聴取の公開の有無</td><td></td></tr>
</table>

226 第3 参考資料

別記様式第7号（第8条関係）

意見の聴取 期日/場所 変更申出書

年　　月　　日

　　　　殿

住所

氏名

　　　年　　月　　日に　　　　において行われる意見の聴取の期日/場所については、下記のとおりやむを得ない理由があるので変更を申し出ます。

記

意見の聴取の件名	
理　　　由	

記載要領
1　所定の欄に記載し得ないときは、別紙に記載の上、これを添付すること。
2　不要の文字は、横線で消すこと。

備考　用紙の大きさは、日本産業規格A4とすること。

別記様式第8号（第8条関係）

第　　　号

意見の聴取　期日　変更通知書
　　　　　　場所

年　　月　　日

殿

囲

年　　月　　日　　　　　　において行うこととしていた意見
の聴取の　期　日　を下記のとおり変更したので通知します。
　　　　　　場　所

記

意見の聴取の件名		
	変　更　前	変　更　後
意 見 の 聴 取 の 期　　　　　　　日	年　　月　　日 時　　分から	年　　月　　日 時　　分から
意 見 の 聴 取 の 場　　　　　　所		

記載要領
　不要の文字は、横線で消すこと。

備考　用紙の大きさは、日本産業規格Ａ４とすること。

228 第3 参考資料

別記様式第9号（第9条関係）

<table>
<tr><td colspan="2" align="center">文 書 閲 覧 請 求 書</td></tr>
<tr><td colspan="2" align="right">年　　月　　日</td></tr>
<tr><td colspan="2">　　　　殿</td></tr>
<tr><td colspan="2">　　　　　　　　　　　住所</td></tr>
<tr><td colspan="2">　　　　　　　　　　　氏名</td></tr>
<tr><td colspan="2">　　　年　　月　　日　　　　　　　において行われる意見の聴取に関し、下記の標目に係る資料の閲覧を求めます。</td></tr>
<tr><td colspan="2" align="center">記</td></tr>
<tr><td>意見の聴取の件名</td><td></td></tr>
<tr><td>閲覧をしようとする資料の標目</td><td></td></tr>
</table>

備考　用紙の大きさは、日本産業規格Ａ４とすること。

別記様式第10号（第10条関係）

<table>
<tr><td colspan="5" align="center">提　出　物　目　録</td></tr>
<tr><td colspan="5" align="right">年　　月　　日</td></tr>
<tr><td colspan="5" align="center">主宰者の職名及び氏名</td></tr>
<tr><td colspan="5" align="right">㊞</td></tr>
<tr><td colspan="5">　ストーカー行為等の規制等に関する法律第5条第4項において準用する行政手続法 第20条第2項／第21条第1項 の規定により提出者が提出した下記目録の証拠書類等を受領した。</td></tr>
<tr><td colspan="5" align="center">記</td></tr>
<tr><td colspan="2">意見の聴取の件名</td><td colspan="3"></td></tr>
<tr><td rowspan="2">提
出
者</td><td>住　　所</td><td colspan="3"></td></tr>
<tr><td>氏　　名</td><td colspan="3"></td></tr>
<tr><td colspan="2">提出を受けた
年　　月　　日</td><td colspan="3"></td></tr>
<tr><td colspan="5" align="center">目　　　　録</td></tr>
<tr><td>番　号</td><td>標　　　　　目</td><td>数　量</td><td>備</td><td>考</td></tr>
<tr><td></td><td></td><td></td><td colspan="2"></td></tr>
<tr><td colspan="2">取扱者　職名</td><td colspan="2">氏名</td><td align="right">㊞</td></tr>
</table>

記載要領
　不要の文字は、横線で消すこと。

　備考　用紙の大きさは、日本産業規格A4とすること。

別記様式第11号（第10条関係）

還　付　請　書

年　　月　　日

殿

住所

氏名

　下記の目録の証拠書類等の還付を受け、領収しました。

記

目　　　　　　　　録				
番　号	標　　　　　目	数　量	備	考
取 扱 者	職名　　　　　　　　　　氏名			㊞

記載要領
　「目録」欄の記載は、取扱者において行うこと。

　備考　用紙の大きさは、日本産業規格Ａ４とすること。

別記様式第12号（第14条、第15条関係）

第　　　　号

意見の聴取 続　行　通知書
再　開

年　　月　　日

　　　　殿

印

　　　年　　月　　日に　　　　　　において行った意見の聴取を下記
のとおり 続　行 するので通知します。
再　開

記

意見の聴取の件名	
意見の聴取の期日	年　　　月　　　日 時　　　分　から
意見の聴取の場所	

記載要領
　不要の文字は、横線で消すこと。

備考　用紙の大きさは、日本産業規格Ａ４とすること。

232 第3 参考資料

別記様式第13号（第16条関係）

（表）

第　　　号

意　見　の　聴　取　調　書

年　　月　　日

主宰者の職名及び氏名

㊞

意見の聴取の件名	
意見の聴取の期日	
意見の聴取の場所	
当時者の住所及び氏　　　　　　名（代理人・補佐人の住所及び氏名）	
参加人の氏名及び氏　　　　　　名（代理人・補佐人の住所及び氏名）	
参考人の住所及び氏　　　　　　名	
意見の聴取の期日に出頭しなかった当事者（代理人）の住所及び氏名並びに出頭しなかったことにつき正当な理由があるかどうかの旨	
説明を行った警察職員の職名及び氏名	

（裏）

警察職員の説明の要旨	
当事者・参加人・代理人・補佐人・参考人の陳述の要旨	
その他参考となるべき事項	

記載要領
1　所定の欄に記載し得ないときは、別紙に記載の上、これを添付すること。
2　証拠書類等が提出されたときは、提出物目録を添付すること。
3　不要の欄は、斜線を引くこと。

備考　用紙の大きさは、日本産業規格Ａ４とすること。

234 第3 参考資料

別記様式第14号（第17条関係）

第　　　　号

意　見　の　聴　取　報　告　書

年　　月　　日

主宰者の職名及び氏名

㊞

　意見の聴取通知書（　　　年　　月　　日付け第　　　　号）に係
る意見の聴取を終結したので、その結果を報告します。

記

意見の聴取の件名	
意　　　　見	
意見の聴取に係る事案に対する当事者及び参加人の主張	
理　　　　由	

備考　用紙の大きさは、日本産業規格Ａ４とする。

別記様式第15号（第18条関係）

意見の聴取調書等閲覧請求書

年　　月　　日

　　　　　　殿

住所

氏名

　　　年　　月　　日　　　　　　　　において行われた意見の聴取に関し、下記の標目に係る資料の閲覧を求めます。

記

意見の聴取の件名	
閲覧をしようとする調書又は報告書の別	

備考　用紙の大きさは、日本産業規格Ａ４とする。

用語索引

［あ行］

位置情報 …………………………… 58, 59
位置情報記録・送信装置 ……………… 59
著しく粗野又は乱暴な言動 ………… 37
著しく不快又は嫌悪の情を催させるよ
　うな物 …………………………………… 47
押し掛け ……………………………… 29

［か行］

監視していると思わせるような事項 … 34
緊急の必要があると認めるとき ……… 104
緊急を要し ……………………………… 83
好意の感情 ……………………………… 21
公示送達 ………………………………… 120
個人情報の管理について、ストーカー
　行為等の防止のために必要な措置 … 132
拒まれたにもかかわらず ……………… 41

［さ行］

差し入れる ……………………………… 64
更に反復して当該行為が行われること
　を防止するために必要な事項 ……… 95
社会生活において密接な関係を有する
　者 ………………………………………… 25
充足する目的 …………………………… 22
職務上関係のある者（職務関係者）… 131
所　持 …………………………………… 58
知りうる状態に置く ………… 34, 47, 48, 50

ストーカー行為等に係る役務の提供を

行った関係事業者 ………………… 135
性的羞恥心を害する事項 ……………… 51
送　達 …………………………………… 117
送達すべき場所に書類を差し置く …… 119
相当のわきまえのあるもの ………… 119
送　付 …………………………………… 44
その移動の用に供することとされてい
　る …………………………………………… 65
その現に所在する場所 ……………… 28
その承諾を得ないで ………………… 58
その使用人その他の従業者 ………… 119
その他の関係者 ……………………… 145
それが満たされなかったことに対する
　怨恨の感情 ……………………………… 22

［た行］

通常所在する場所 …………………… 28
つきまとい ……………………………… 28
電子メールの送信等 ………………… 44
特定の者 ………………………………… 25
取り付ける ……………………………… 63

［は行］

不安を覚えさせるような方法 ………… 70
文　書 …………………………………… 44

［ま行］

待ち伏せ ……………………………… 28
みだりにうろつく ……………………… 27
見張り ………………………………… 29
名誉を害する事項 ……………………… 48
申出を相当と認めるとき ……………… 127

［ら行］

連続して ……………………………… 42

＜監修者紹介＞
　警察庁生活安全局長　　檜垣重臣

★本書の無断複製(コピー)は、著作権法上での例外を除き、禁じられています。
また、代行業者等に依頼してスキャンやデジタルデータ化を行うことは、たとえ
個人や家庭内の利用を目的とする場合であっても、著作権法違反となります。

ストーカー規制法ハンドブック
　～逐条解説から実務参考資料まで～

令和6年11月20日　　第1刷発行
令和7年7月20日　　第2刷発行

監　修　檜　垣　重　臣
編　著　ストーカー規制法研究会
発行者　橘　　茂　　雄
発行所　立　花　書　房
東京都千代田区神田小川町3-28-2
電話　03-3291-1561　（代表）
FAX　03-3233-2871
https://tachibanashobo.co.jp

ⓒ2024 Shigetomi Higaki　　　　印刷・製本　加藤文明社
乱丁・落丁の際は本社でお取り替えいたします。

犯罪事実の内容・表現を最近の例に鑑みて全体的にアップデート！

立花書房 好評書

警察官のための
充実・犯罪事実記載例
特別法犯【第5版】

名古屋地方検察庁検事正　加藤俊治 編著

裁判員裁判等、時代に応じ変化している
「犯罪の内容」「犯罪事実の記載方法」に対応！
口語的で平易な記載へと変わってきている
犯罪事実の表現等を取り入れるように努めた。

**類書を圧倒する93法令・400超の
犯罪事実記載例！**

日々発生する**各種犯罪を網羅する**、多数の犯罪事実記載例を掲載した捜査官の
実務必携書。

**犯罪事実記載例にとどまらない、
充実した解説と対応条文の掲載！**

それぞれの記載例とともに、対応する条文とその**用語・構成要件**、
罪数処理等の考え方、参考判例、主要改正法令の改正概要について解説。

新・改正法令にも対応し、新判例も掲載した充実の内容。

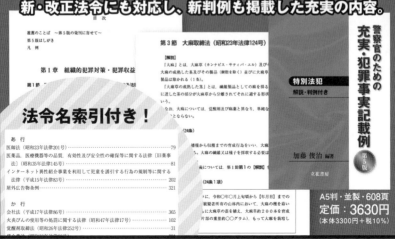

A5判・並製・608頁
定価：3630円
(本体3300円＋税10％)

若手警察官必携の一冊！ 具体的な犯罪の構成要件がすぐ分かる！

立花書房 好評書

新 刑法犯・特別法犯
犯罪事実記載要領〔改訂第6版〕

元和歌山地方検察庁検事正 **髙森高德** 原著　　高松地方検察庁検事 **宮　友一** 編著

令和5年刑法改正をはじめとする、平成30年以降の新・改正法に対応！

新・改正法についての分かりやすい解説に加えて、各罪の態様に応じた記載例を掲載！

▶ 不同意性交等罪　▶ 不同意わいせつ罪　▶ 面会要求等罪　▶ 性的姿態撮影等処罰法に係る罪　等

裁判員裁判に対応した記述スタイルに全面改訂！

平易な言葉遣いによる、裁判員裁判対応の記述スタイルに全面改訂。

実務上、利用頻度の高い743事例を厳選！

コンパクトな一冊に、「刑法犯」と「特別法犯」の最重要項目が詰まった優れもの！
記載要領や注意点、判例・通説、捜査事項等についてのアドバイスにより、
送致事実の起案をアシスト！

A5判・並製・416頁
定価：**2860円**
（本体2600円＋税10%）

この1冊で、「最低限かつ必要十分」をマスター！

立花書房 好評書　部内用

すぐに役立つ 生活安全・地域警察官

一件書類 記載例集

少年事件編 ～改正少年法の解説と一件書類記載要領～

生活安全・地域実務研究会 編著

少年事件送致に必要な一件書類を、この1冊に集約！

通常送致(基本書式)、簡易送致(簡易書式)のほか、触法少年の通告やぐ犯送致等、現場ですぐに活用できる事例を収録。

基礎知識から具体的な事件措置要領まで簡潔に解説！

各種の定義、事件送致の区分及び手続、触法・ぐ犯の処理、不良行為少年の補導、書類作成要領といった基本事項から具体的措置要領までが、この1冊で学べる！

A5判・並製・384頁
定価：**2860円**
(本体2600円＋税10％)

令和4年4月施行の少年法及び関連法令の改正をわかりやすく解説！

少年法等の改正のうち、特に警察業務に関係が深い部分を重点解説。
更生保護法、少年院法、犯罪捜査規範、少年警察活動規則の改正もフォロー。

推薦のことば（抜粋）

……本書は、少年法等の改正内容のうち警察業務に関連が深い部分について解説を加えた上、少年事件について、場面に応じ、留意すべき具体的な措置要領を的確に述べ、さらに、少年事件に多く見られる具体的な犯罪類型や少年の属性に応じ、捜査一件記録の記載要領を詳述するなど、優れて実践的で、実務上の有用性が高いものとなっており、その名のとおり、少年事件を取り扱う捜査等の現場で「すぐに役立つ」ものであると確信している。
　少年事件の捜査等に携わられている警察官諸氏はもとより、少年事件に関わる関係者において、本書が必携の書として日頃の執務の参考になることを願うものである。

令和5年6月
東京地方検察庁刑事部副部長　**早渕宏毅**

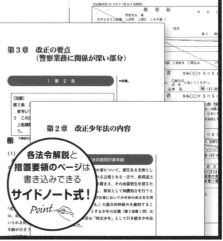

各法令解説と措置要領のページは書き込みできる**サイドノート式！** Point

風俗犯罪捜査に当たる警察官のためのコンパクトな実務書！

立花書房 好評書

風俗事犯捜査
ハンドブック

札幌高等検察庁公安部長
元東京地方検察庁刑事部副部長 **樋口正行** 編著
風俗事犯研究会

風俗犯罪捜査の総論及び

風営法違反 **売春防止違反**
わいせつ事犯 **賭博事犯**

の各犯罪類型について端的に解説。
風俗犯罪捜査の全体像を掴む入門書としてもオススメ！

元風俗事犯担当検事による
実践的な解説と犯罪事実記載例！

風俗事犯捜査経験者ならではの視点から、犯罪の構成要件、捜査上の留意事項について具体的かつ
実践的な解説を付し、犯罪事実記載例を28例厳選して掲載。条文も併記されていて便利！

インターネット利用犯罪等の
最新傾向をフォロー！

スマホの普及、通信手段の発達による**犯罪形態の変化**に対応し、**ネット・SNS・アプリ利用による**
わいせつ事犯や野球賭博、オンラインカジノ等にも言及。

風俗事犯捜査
ハンドブック

樋口正行
風俗事犯研究会 編著

立花書房

A5判・並製・176頁
定価：**2090円**
（本体1900円＋税10%）

用語索引・判例索引付き！

薬物、銃器、集団密航、組織的殺人に関係する捜査官必携!!

立花書房 好評書

《 捜査のための 》 通信傍受法ハンドブック
～逐条解説から捜査実務資料まで～

監修
名古屋地方検察庁検事正・前最高検察庁総務部長
元法務省大臣官房審議官（刑事局担当）
加藤俊治

編著
福岡地方検察庁小倉支部副支部長
前法務省法務総合研修所第一部教官
橋口英明

東京地方検察庁立川支部検事
前法務省刑事局参事官
鶂鶉昌二

A5判・並製・432頁
定価：3300円
（本体3000円＋税10%）

通信傍受にかかわる 第一線捜査官のための解説書！
通信傍受法及び関係法令について逐条解説を施し、運用に関する各種規則や資料等も多数収録。通信傍受実務に必要かつ十分な情報を一冊にまとめたハンドブック！

ポイントを押さえて実務的に解説した逐条解説編！
本法の全ての条文を、実務の視点から、関係法令も踏まえて分かりやすく解説！条項ごとに大きな見出しを付し、重要部分を太字で強調しており、読みやすい。

実務で使用する規則や通達等の情報が 充実した参考資料編！
実務で必要な各種規則・別記様式、警察庁の通達、事例紹介、通信傍受の実施状況がまとめられた盛りだくさんの内容。通信傍受実務の全体が分かる！

推薦のことば（抜粋）

（前略）本書は、実務的な逐条解説書ということで、各種規定や資料等を参照しやすいようにコンパクトにまとめられたハンドブックである。

　逐条解説編は、要所を押さえた実務的解説が記載されているが、大中小の項目に分けて階層立てをし、重要部分を太字で強調する等、本法を少しでも分かりやすく、という筆者の工夫が随所に見て取れる。参考資料編は、実務で使用する各種規則・様式、警察庁の通達、事例紹介、通信傍受の実施状況がまとめられた盛り沢山の内容となっている。このように、各種法令の解説に加え、関連資料を多数収録することで、実務上、必要にして十分な情報を一冊で得られる内容となっており、好適な解説書である。（後略）

令和6年6月

名古屋高等検察庁検事長　髙嶋智光